AF140596

Gott ist für Dich!

Argumente für den christlichen Glauben

Patrick Rompf

Gott ist für Dich!

Argumente für den christlichen Glauben

Bibliografische Information der Deutschen Nationalbibliothek:
Die Deutsche Nationalbibliothek verzeichnet diese Publikation in der
Deutschen Nationalbibliografie; detaillierte bibliografische Daten
sind im Internet über http://dnb.dnb.de abrufbar.

*Herstellung und Verlag: BoD – Books on Demand, Nor-
derstedt*

ISBN: 978-3-7357-6074-6

INHALT

Vorwort

Leben in Glück und Zufriedenheit wird in der heutigen Zeit von vielen Menschen als ein kaum erreichbarer Zielpunkt ohne Hoffnung auf Verwirklichung unterschätzt. In der Zeitperiode, in der wir leben, richtet sich dieser Sehnsuchtsfaktor scheinbar wie eine unüberwindbare Mauer gegen uns auf. Unsere von Hektik geprägte Welt lässt uns kaum Zeit, zu der dringend benötigten und erforderlichen Ruhe zu finden, um zu klaren Gedanken zu kommen. Anpassung, so scheint es, ist das halbe Leben. Wenn wir jedoch mit diesem überspannten Massenstrom mitschwimmen, so werden wir in naher Zukunft mit viel Glück zwar den Trend der Zeit nur mit größten Strapazen völlig entkräftet überstehen, doch unser eigenes Leben wird versiegen wie ein Regentropfen auf einem heißen Stein.

Um unser Leben nicht auf diese ernstzunehmende Probe zu stellen, sollten wir handeln, damit wir ein Dasein genießen können, für das es sich ernsthaft zu leben lohnt. Für dieses Lebensziel müssen wir Güte und Menschenfreundlichkeit suchen, um uns gegen den Strom unserer Zeit zu befreien. Gute Freunde und Bekannte sind oftmals positive Ratgeber, die uns für eine bedingte Zeitperiode gutgemeinte Ratschläge geben können. Doch alle Liebe und Freundlichkeit unseres Freundeskreises kann uns keine beständig verweilende Hoffnung mit auf den Lebensweg geben.

Was wir benötigen ist eine bleibende, uns zugedachte Liebe, welche uns mit kontinuierlichem Bestand durch unser Leben begleitet – jemanden, der seine Liebe nicht von uns abwendet, sondern der uns so liebt wir sind, mit all unseren Fehlern. Um dieses Verlangen zu verwirklichen, bedarf es einer Suche nach dem, der uns geschaffen hat. Der allwissende Gott liebt uns bedingungslos, nur müssen wir Ihn von Herzen aufsuchen, damit sich Seine Liebe zu uns im vollsten Ausmaß erkenntlich zeigt. Wenn wir uns dieses Ziel vor Augen halten und in die Tat umsetzen, so werden wir in dem Genuss Seiner Barmherzigkeit unsere Zukunft voller bleibender Hoffnung bestehen können.

Gott will, dass *alle* Menschen zu ihm finden, völlig unabhängig, wie auch immer sich das in Eigenregie geführte Leben darstellte. Wenn wir Ihn aufsuchen, Gott unsere Fehler im Gebet ehrfurchtsvoll mit Buße bekennen, so wird Er sich nicht von uns abwenden, sondern der Herr wird uns annehmen als ein neues Kind Seiner unvergänglichen Obhut.

Dieser Ratgeber möchte Ihnen den barmherzigen und gnadenreichen Willen Gottes argumentieren, sodass auch Sie in Zukunft ein Leben aus der Perspektive des allmächtigen Gottes voller Freude ausleben und in Gemeinschaft mit Ihm genießen können. Nehmen sie teil an dem Plan Gottes, den der Herr seit der Gründung der Welt für Sie bereithält. Sie machen niemals einen Fehler, wenn Sie Ihr vollstes Vertrauen, Ihre Liebe und den erforderlichen Glauben ohne jeglichen Zweifel auf den allwissenden Gott setzen.

Die Bibel –
Das Handbuch christlicher Lebensführung

Die Bibel – das meistverkaufte Buch der Welt. Anhand dieser voluminösen, weltweiten Verbreitung sollte man annehmen, dass dieses Buch, welches sich nahezu in jedem Haushalt befindet, auch von den Besitzern gelesen wird. Leider belegen die Statistiken eine erbärmliche Lesequote von gerade einmal fünf Prozent derjenigen Menschen in Deutschland, die dieses von Gott in Auftrag gegebene Buch anhand der von Gott auserwählten Personen, die es niederschrieben, letztlich auch lesen. Diese Tatsache ist nicht nur erschreckend, weist aber gleichzeitig darauf hin, dass das Wort Gottes mehr und mehr in den Hintergrund rückt.

Wann waren Sie zuletzt in einer Buchhandlung und haben nach christlicher Literatur Ausschau gehalten? Ist Ihnen dort nicht auch aufgefallen, dass sich Romane, Krimis und Sachbücher verschiedenster Gattungen in Massen stapeln, die nicht lange auf ihre zukünftigen Besitzer warten; jedoch die christlichen Bücher in einer kaum auffindbaren kleinen Ecke nahezu verkümmern und verstauben? Exakt wie die von mir beschriebene christliche Literatur in den Bücherregalen der Buchhandlungen auf die zaghaften Käufe ihrer zukünftigen Besitzer wartet, so verstaubt auch das Buch der Bücher irgendwo in einer dunklen Ecke. Doch woran liegt dieses Desinteresse am Wort Gottes?

Wenn Sie die Aussagen mancher Menschen hören, wird Ihnen immer mehr und deutlicher bewusst, worauf sich der

Charakter dieser gedankenlosen Stumpfsinnigkeit letztlich aufbaut und folglich prägend, wenn auch *vollkommen fälschlich hinterlegt*. Folgende Aussagen lassen die Menschen zweifeln. Einige wenige Beispiele:

- Die Bibel wurde vor ein paar Jahrtausenden geschrieben, sie trifft nur auf diejenigen Personen zu, von denen dort die Rede ist

- Ich kann nicht glauben, was dort niedergeschrieben wurde

- Die Bibel müsste dringend von Gott revidiert werden

- Die Heilige Schrift ist für unser Zeitalter nicht mehr aktuell und daher unbrauchbar

- Das Alte Testament widerspricht dem Inhalt des Neuen Testaments

- Zum Lesen ist die Bibel mir zu anstrengend

- Ich lese lieber etwas Aktuelles, weil der Inhalt meinen Grundgedanken entspricht

- In meiner Freizeit suche ich etwas Entspanntes, nicht etwas zum Nachdenken

Bevor wir uns mit den Worten der Wahrheit befassen, möchte ich auf die Zweifler mit folgenden Argumenten antworten:

Es ist korrekt, dass die Bibel vor ein paar Jahrtausenden mit von Gott erwählten (mit dem Heiligen Geist versehenen) Personen niedergeschrieben und verfasst wurde. Da die Bibel kein gewöhnliches Buch ist, muss sie somit auch als solches gelesen und verstanden werden. Ohne den dazu zwingend benötigten Geist Gottes wird dieses Vorhaben gnadenlos scheitern. Den Heiligen Geist kann man aber erst dann vom Herrn erhalten, wenn man sich zu Gott bekennt und an seinen Sohn Jesus Christus von ganzem Herzen glaubt. Dieser ständig uns begleitende Geist befähigt uns, die Worte der Bibel zu verstehen und in unsere Herzen aufzunehmen. Diese zu unserer Errettung dienende Maßnahme können wir nur erreichen, wenn wir an folgende Aussage glauben:

Denn wenn du mit deinem Mund Jesus als den Herrn bekennst und in deinem Herzen glaubst, dass Gott ihn aus den Toten auferweckt hat, so wirst du gerettet (Römer 10, Vers 9)

Der Inhalt der Heiligen Schrift umfasst die Worte des lebendigen Gottes, die der Menschheit – völlig *unabhängig* in welchem Zeitabschnitt auch immer, den Weg zum Herrn ebnen möchte – folglich ist sie für *die Ewigkeit verfasst worden.* Daher trifft sie *nicht nur* auf diejenigen benannten Personen zu, von denen in ihren verschiedenen Kapiteln die Rede ist, *sondern* ihr Inhalt ist zeitlos und *für alle Gläubigen bestimmt,* denn: *Gott kann nicht lügen* (Hebräer 6, Vers 18)

Die Bibel enthält vielmehr *Mahnbeispiele*, wie sich der Mensch zu einem Gott wohlgefälligen Leben entscheiden sollte, um die Liebe des Höchsten in ihrem ganzen Umfang vollkommen anzunehmen (siehe z.B. 1. + 2. Könige), denn Gott will uns *erretten, keinesfalls vernichtend schlagen!* Somit sind auch die Worte des Alten Testaments keinesfalls im Widerspruch zu denen des Neuen Testaments zu verstehen, denn Gott verändert sich nicht (Maleachi 3, Vers 6) Jesus Christus spricht: ***Ihr sollt nicht meinen, dass ich gekommen bin, das Gesetz oder die Propheten aufzulösen; ich bin nicht gekommen aufzulösen, sondern zu erfüllen*** (Matthäus 5, Vers 17 / Lutherbibel 1984)

Diese Aussage bezieht unser Herr Jesus auf die Schriften des Alten Testaments, auf denen die Weisheit aufbaut, denn *das **Heil kommt aus den Juden*** (Johannes 4, Vers 22)

Somit wird deutlich erkennbar, dass das *Alte Testament den Anfang – ja die Verheißung darstellt – das Neue Testament die von Gott gewollte Verwirklichung mit der Person Christi als unseren Wegbereiter, der uns das Reich der Himmel ebnet.* Folglich ist *das Neue Testament als die Vollendung der Heiligen Schrift zu betrachten.*

Gottes Wort mit einer Leichtigkeit zu verstehen, ist wohl kaum die vom Herrn beabsichtigte Zielsetzung, die Er uns mit einem „durchstöbern" der Bibel vermitteln möchte. Für einen unsoliden, leichtfertigen Glauben hat der Herr keinerlei Verständnis. Die Worte der Bibel vermitteln uns zu einem *ausharrenden Glauben zu gelangen*, der in unserem Herzen *verankert wird*, der sich *ertragreich präsentiert* und keinesfalls gestückelt und somit unvollkommen gelebt wird (siehe das Gleichnis vom Sämann – Markus 4, Verse 3 – 8)

Der Inhalt der Bibel muss mit beständig hinterfragenden Gedanken gelesen werden, indem man Gott um Erkenntnis im

Gebet bittet, was uns der Herr mit Seinen Worten vermitteln will.

Wenn wir Gott nicht ernst nehmen, wie sollte Er uns dann *vollkommen* lieben? Wenn Menschen Gott kategorisch ablehnen, versagt uns der Herr Seine Weisheit, denn Er braucht uns nicht, wir aber brauchen Ihn umso mehr, um ein hoffnungsvolles, von Liebe umgebenes Leben *mit Ihm in Gemeinschaft* führen zu können. Der Halbbruder unseres Herrn Jesus Christus schrieb folgende Verse nieder: ***Wenn es aber jemanden unter euch an Weisheit mangelt, so erbitte er sie von Gott, der allen gern und ohne Vorwurf gibt, so wird sie Ihm gegeben werden. Er bitte aber im Glauben und zweifle nicht; denn wer zweifelt, gleicht einer Meereswoge, die vom Wind getrieben und hin und her geworfen wird. Ein solcher Mensch denke nicht, dass er etwas von dem Herrn empfangen wird*** (Jakobus 1, Verse 5 – 7)

Menschen, die diese Aussage tätigen: „Ich brauche keinen Gott" beteiligen sich an den Lügen des Satans, der sie nunmehr vereinnahmt hat, denn: ***Die Furcht des Herrn ist der Anfang der Erkenntnis. Nur Toren verachten Weisheit und Zucht!*** (Sprüche 1, Vers 7)

Wenn wir Gott im Gebet bitten, Weisheit zu erlangen, um die Worte der Bibel zu verstehen, so wird der Herr uns diese Bitte mehr und mehr erfüllen, denn Er *will*, das wir Seine Worte in unseren Herzen fruchtbringend entfalten, weil *nur Seine Worte die vollkommene Wahrheit beinhalten.*

Wenn aktuelle Geschehnisse – etwa in Form von Büchern unser Interesse mehr wecken, als das Wort des lebendigen Gottes, so muss man damit leben, wenn Gott sich auch gegen uns richtet. Dies sollte keinesfalls bedeuten, dass man sich nicht mit aktuellem Geschehen beschäftigen sollte. Wenn jedoch Gottes Wort wieder und wieder belanglos in den Hintergrund geschoben wird, so lehnt man die Hilfe Gottes *völlig bewusst und demzufolge entschieden ab.* Kann man etwa mit diesem Fehlverhalten die Zuneigung Gottes allen Ernstes erwarten?

Eine Antwort auf diese Frage ist wohl mehr als überflüssig (siehe die Warnung Jesu Christi vor falschen Propheten unter Matthäus 7, Verse 15 – 23)

Der Wille des allmächtigen Gottes ist, dass die Menschen zu Ihm finden: **Oder habe ich etwa Gefallen am Tod des Gottlosen, spricht Gott, der Herr, und nicht vielmehr daran, dass er sich von seinen Wegen bekehrt und lebt?** (Hesekiel 18, Vers 23)

Leben nach den Richtlinien Gottes und sich durch Glauben vom Herrn bekehren zu lassen, ist *nicht nur* ein gnadenreiches Angebot Gottes, das Er *einigen Menschen* unterbreiten will, *sondern* Gottes Wille ist es, dass *alle Menschen zu ihm finden*, weil Gott *jeden unter uns bedingungslos liebt.*

Warum sollten wir dieses Angebot hinterfragen oder erst gar nicht annehmen? Was hindert uns daran, diese alles erlösende Gebundenheit zum Herrn dankend anzunehmen, ja – diese Liebe der Er uns zusagen will, anzunehmen?

Zunächst einmal sollten wir uns nicht von anderen Menschen beirren oder gar beeinflussen lassen. Menschliche Weisheit hat ihre Grenzen. Zwar können Menschen gebildet, studiert und reich an Wissen sein, jedoch kennen auch diese Personen *nicht Ihre Vergangenheit, Ihre Gegenwart, noch Ihre Zukunft!* Auch philosophische Literatur, falls Sie diese zur Hilfe nehmen wollen, ist „nur" ein Werk von Menschenhand. Demzufolge befinden Sie sich auf einem sehr schmalen Pfad, wenn Sie anderen Personen Ihr vollstes Vertrauen bedingungslos darreichen.

14

Auf den Herrn sein vollstes Vertrauen zu richten, ist stets eine *weise und fehlerfreie Entscheidung.* Die Bibel hingegen ist *ein fehlerloses Werk Gottes.* Gott ist *allwissend, allmächtig* und *vollkommen.* Der Herr aber kennt *alle* Eigenschaften Ihres Lebens. *Gott kennt Ihre Vergangenheit, Ihre Gegenwart und Ihre Zukunft ganz genau!* Niemand kann sich auch nur ansatzweise mit Gott messen. Warum also sollten wir uns nicht *direkt* an Gott wenden, Ihn um Rat fragen, denn *Gott vergisst nichts – Er wird Sie niemals missachten!*

Gottes Plan ist *vollkommen, lückenlos* und *fehlerfrei*, denn *nichts* geschieht ohne den Willen des Höchsten. Infolgedessen können Christen Gott als ihren täglichen Ratgeber ihr Leben *restlos bekennen und vollkommen ohne jeglichen Zweifel anvertrauen.*

Weise und unweise Handlungen – Ein Beispiel aus der Heiligen Schrift

Betrachten wir doch einmal folgende Bibelstelle, die wir im Brief des Jakobus im 3. Kapitel, in den Versen 13 – 15 finden. Dort schreibt der Halbbruder unseres Herrn Jesus: *Wer ist weise und verständig unter euch? Der zeige durch einen guten Wandel seine Werke in Sanftmütigkeit, die aus der Weisheit kommt! Wenn ihr aber bitteren Neid und Selbstsucht in eurem Herzen habt, so rühmt euch nicht und lügt nicht gegen die Wahrheit! Das ist nicht die Weisheit, die von oben kommt, sondern eine irdische, seelische, niedrige, dämonische.*

In Vers 13 spricht Jakobus über eine Beurteilung, die uns die Weisheit Gottes zu einem Christen vermittelt. Wie verhält sich ein gottesfürchtiger Mensch in seinem täglichen Leben? Wie erkennt man die Eigenschaften eines Christen?

Den weisen Menschen erkennt man anhand seiner guten Handlungen, die mit der gnadenreichen, von Gott übergebenen Sanftmut der Weisheit das Leben bestreitet. Dieses Handlungsschema zeugt von *des Gläubigen Erkenntnis, die aus der Weisheit Gottes stammt*; denn dieser Mensch hat das Geschenk Gottes *dankbar angenommen und anhand seines Glaubens verwirklicht*. Folglich setzt er dieses Erkenntnisvermögen auch in seinen täglichen Handlungen *fördernd und daher gewinnbringend* gegenüber seinen Mitmenschen um. Die Gelehrsamkeit, mit der er handelt, präsentiert sich, bedingt durch sein weises

Verhalten und seine Gottbezogenheit nach außen hin *sicht- und auch wahrnehmbar*. Kurzum: seine Taten sprechen für sich. *Dieser Gläubige ist dem Herrn Jesus Christus ähnlich geworden* – er handelt nach den Richtlinien Gottes.

In Vers 14 können wir das *Gegenteil der Sanftmut und Erkenntnis Gottes beurteilen*. Mit *bitterem Neid* und *Selbstsucht* in unserem Herzen sind wir *nicht* fähig, wie ein Christ zu handeln.

Neid drückt *Missgunst, Habgier, Begehren* und *das Hervorheben des eigenen „Ichs"* aus. Der *Neid ist bitter, faul, abschreckend* und trägt daher *keine nahrhaften Früchte;* dies bedeutet: *Liebe ist dem Neid ein völliges Fremdwort.*

Selbstsucht hingegen weist auf Sünden wie: *Eigenwilligkeit, Rücksichtlosigkeit, Unbarmherzigkeit* und *Herrschsucht* hin.

Selbstsucht ist ein klares Anzeichen der abschreckenden Rücksichtslosigkeit. Diese Eigenschaften *vernichten* die Liebe, indem der böse Geist dieses Menschen *den Charakter des Teufels angenommen* hat und diesen folglich kopierend prägt. Ehrerbietung, Respekt und Wertschätzung sind *fremde*, ja – *völlig abgestoßene Vokabulare für diejenigen Personen, welche diese gegen Gott gerichteten Eigenschaften besitzen. Nichts Gutes* kann entstehen, da das Werk des *Satans* diese Personen schlichtweg *vereinnahmt* hat.

Vers 15 zeigt uns weitere Charakter von menschlichen Handhabungen auf, die sich gegen den Willen Gottes als: *irdisch, seelisch, niedrig und dämonisch* präsentieren.

Diese Praktiken zeigen sich folgenderweise in ihren Eigenschaften erkenntlich:

Irdisch: Diese Charakterzüge sind *begrenzt, gebunden* und *kurzlebig,* daher *vergänglich* und *sterblich,* denn die Ableger und Wurzeln des Ursprungsortes stammen von *unten.*

Seelisch, niedrig: Dieses Naturell zeigt sich erkenntlich als: *bodennah, einfallslos, gering* – kurzum *primitiv.* Die *humanitäre Individualität* kann sich nur auf *eingegrenztes Wissen* berufen.

Dämonisch: Diese Wesensart präsentiert sich als: *gemein, unmenschlich, böse, brutal* und *teuflisch.*

Gottlose Praktiken sind nunmehr die verheerenden Kennzeichen eines von Gott entfernten Lebens, **denn der Teufel sündigt von Anfang an** (1.Johannes 3, Vers 8b)

Gehen wir nunmehr über zum Vergleich in die Eigenschaften eines christlichen Charakters, die der Heilige Geist dem gläubigen Menschen *durch den Glauben an Jesus Christus, den Herrn zukommen lässt.* Im 3. Kapitel des Jakobusbriefes lesen wir in Vers 17: **Die Weisheit von oben aber ist erstens rein, sodann friedfertig, gütig; sie lässt sich etwas sagen, ist voll Barmherzigkeit und guter Früchte, unparteiisch und frei von Heuchelei.**

Kommen wir nun zur Definition der christlichen, einsichtsvoll geprägten Charaktere. Lassen Sie uns diesen *eklatanten,* zum Herrn bezogenen Unterschied einmal näher betrachten:

Rein: Die Reinheit ist der substanzielle Grundgedanke Gottes, ja – *Seine Personifikation, die Grundsubstanz des Höchs-*

ten. Die Charaktere, welche von dieser Makellosigkeit ausgehen, bringen dieses *helle Licht der Reinheit hervor*, die der Herr den Gläubigen anhand ihres Glaubens mit dem Heiligen Geist in deren Herzen überträgt. Es ist das Licht der *ewigen Hoffnung* und der *dazugehörenden Liebe*, welche diese vom Herrn geschenkte *Makellosigkeit* in den Vordergrund hebt und folglich prägend bestätigt. Diese Unfehlbarkeit ist der Ausdruck des Herrn, welche die *vollkommene Unbeflecktheit Seiner Persönlichkeit voll und ganz widerspiegelt*. Die Reinheit Gottes ist *aufrichtig, unparteiisch*, dabei aber *stets vollkommen und gerecht*.

Friedfertig: Friede ist *tolerant, geduldig, versöhnungsbereit* und *einfühlend*. Dies bedeutet wiederum, dass ein gläubiger Mensch bestrebt ist, diesen Frieden zu bewahren, ja – ihn zu fördern, *dem Frieden nachzujagen* und all seine Kraft dafür einsetzt, Frieden anzustreben, *ohne seine eigene Reinheit dafür beeinträchtigen* zu lassen. Friedfertigkeit drückt der Schreiber des Briefes an die Hebräer im 12. Kapitel, Vers 14 (Lutherbibel 1984) wie folgt aus: ***Jagt dem Frieden nach mit jedermann und der Heiligung, ohne die niemand den Herrn sehen wird.***
Die Heiligung wiederum reiht sich in unser Leben ein, wenn man nach ihr *täglich Ausschau hält* und somit *stets* versucht ist, diese Bestätigung *zu ergreifen*. Christen werden förmlich dazu *aufgefordert*, diese „*feierliche Bestätigung*" im alltäglichen Leben *anzustreben*. Diese Vorgehensweise ist in ihrem Handeln eine den Mitmenschen zugedachte Ausübung, welche insbesondere unter den Gläubigen sehr stark zum Ausdruck kommt.

Gütig: Diese Eigenschaft spricht von *feinfühligen, gefühlvollen, fürsorglichen*, kurzum – *rücksichtvollen Maßnahmen der christlichen Nächstenliebe*. Das Wesen unseres Herrn Jesus

Christus wird in ihr sicht-, fühl- und auch wahrnehmbar. Güte kann *zurückstehen, anderen Menschen den Vortritt geben* und auf das eigene *„Ich" verzichten.* Die Visitenkarte eines höflichen Menschen ist die *Güte, die er in seinem Herzen trägt.* Die Güte *fördert, anstelle zu nehmen.* Somit ist sie bereit, *ihre Liebe* gegenüber ihrem Nächsten *erkenntlich* zu zeigen.

Sie lässt sich etwas sagen: Die Weisheit ist also *reif in ihrer Entfaltung* und *gewillt,* sich von dem Wort Gottes mit ihrem *tiefgründigem Gewinn* und dem *dazugehörenden, unbeirrbaren Wahrheitsinhalt bekehren* und damit *überzeugen* zu lassen. Demzufolge ist sie *frei von Arroganz, Prahlerei und unabhängig von egozentrischen Gedanken.* Mit dieser Weisheitsannahme ist man *gewillt,* die herrliche Wahrheit Gottes *in die Tat umzusetzen.* Man kann nur mit *größter Ehrfurcht* von ihr *lernen* und der Weisheit mit einem *freudigen Herzen* nachfolgen, um sie somit *gewinnfördernd ausleben* zu können. Belehrung nimmt die Weisheit *dankend* an. *Ohne* Reue und den aufgerichteten Blick zum Herrn, der von einem gläubigen Herzen aus dieses bekehrende und heilbringende Urteil fällt, ist es *nicht möglich,* sich etwas sagen zu lassen, um die Worte Gottes in ihrer Gesamtstruktur *durchdringend,* sprich *gewinnbringend umzusetzen.*

Ist voll Barmherzigkeit und guter Früchte: Dies sind die Auswirkungen, die nun von dem Gläubigen *in die Tat umgesetzt* werden. Es sind sozusagen die *Kennzeichen eines wiedergeborenen Christen,* der den *Herrn Jesus als den Mittelpunkt seines Lebens angenommen hat.* Es ist die *Hilfsbereitschaft und die Nächstenliebe,* welche in diesem Gläubigen zum Vorschein kommt. Die guten Früchte wiederum *spiegeln das Ergebnis seines christlichen Verhaltens gegenüber anderen Mitmenschen wider.* Die Barmherzigkeit hat sich *erkenntlich* gezeigt und hat in ihrer Entfaltung das Wachstum der Gottesliebe zu einer *reifen Frucht verwandelt* – ein präzises Erkennungsmarkmal, dass sich der Herr diesem Gläubigen *gnadenreich angenommen* hat.

Unparteiisch und frei von Heuchelei: Die Weisheit Gottes ist *vollkommen* und folglich *nicht schwankend. Neutralität* und *Ungebundenheit* geht von ihr aus und somit ist sie *frei* von *Scheinheiligkeit, Täuschung* und *Lüge.* Damit ist die Weisheit des Herrn von einer *unveränderlichen, bleibenden,* sprich – *ewigen Liebe* beseelt, die sich *niemals ändern* wird, weil die *Weisheit Gottes in ihrer alles erhabenen Gesamtstruktur rundum perfekt ist.*

Wenn wir die soeben genannten Definitionen Gottes anhand auf die Ausübung von Gott beschenkten Christen näher betrachten, so muss man zu der Feststellung gelangen, dass die gläubigen Menschen die von Gott geschenkte Weisheit in *vollkommener Perfektion* von Gott erhalten, jedoch anhand ihrer *menschlichen, sündigen Natur nicht in ihrer Vollkommenheit ausleben können*, denn auch *der Christ ist und bleibt ein Sünder.*

Der eklatante Unterschied zwischen Gläubigen und Ungläubigen zeigt sich darin erkenntlich, dass die Gläubigen ihre Sünden *vor Gott mit Buße und mit Ehrfurcht der Besserung im Gebet bekennen und bereuen*, jedoch sehen und erkennen die Ungläubigen *keinerlei* Veranlassung, diesen Gnadenweg zu Gott zu begehen, da für diese Menschen dieser dringend einzuschreitende Weg schlicht und einfach *vom Herrn versagt* wurde. Denn Gott lehnt diejenigen Menschen ab, welche Ihn *nicht* mit Glauben ehrfurchtsvoll bekennen. Denn zu Mose spricht Gott: *„Wem ich gnädig bin, dem bin ich gnädig, und*

über wen ich mich erbarme, über den erbarme ich mich" (2.
Mose 33, Vers 19 / Römer 9, Vers 15)

Unser Herr Jesus Christus spricht: *Nicht jeder, der zu mir
sagt: Herr, Herr!, wird in das Reich der Himmel eingehen,
sondern wer den Willen meines Vaters im Himmel tut. Viele
werden an jenem Tag zu mir sagen: Herr, Herr, haben wir
nicht in deinem Namen geweissagt und in deinem Namen
Dämonen ausgetrieben und in deinem Namen viele Wunder-
taten vollbracht? Und dann werde ich ihnen bezeugen: Ich
habe euch nie gekannt; weicht von mir, ihr Gesetzlosen!*
(Matthäus 7, Verse 21 – 23)

Die Bedrängnis und der Trost im Glauben

Prüfungen empfinden wir generell als unangenehme Erlebnisse, die unser Wissen und unsere Tätigkeiten genauestens unter die Lupe nehmen. Wir versuchen, diese unwillkommenen Maßnahmen möglichst zu umgehen, aber das Leben weist uns darauf hin, dass wir, obgleich all unserer Bemühungen, diesen Prüfungen zu entweichen, trotz allem an ihnen teilnehmen müssen. In der Schule, im Studium, in unserem Beruf, ja – im täglichen Leben begegnen wir diesen unangenehmen Kontrollen. Wenn noch weitere Bedrängnisse auf uns zukommen, so lassen diese uns oftmals die Hoffnung am Leben verlieren. Die bereits im Vorwort dieses Ratgebers erwähnte Hektik erweist sich in unserem Dasein schon mehr als störend, daher sind viele Menschen nicht daran interessiert, von Gott noch weitere Prüfungen erdulden zu müssen – und lehnen somit den Glauben rigoros ab.

Doch dass die Prüfungen Gottes, so unwahrscheinlich es auch im ersten Moment klingen mag, sich als *gutgemeinte und mit Gnade versehene Liebesbeweise präsentieren*, darüber möchte ich Ihnen in diesem Kapitel eine präzisere Auskunft erteilen.

Lassen Sie sich nicht von diesem gewollten Vorhaben Gottes irritieren, sondern freuen Sie sich, ja – Sie haben richtig gelesen: *Freuen Sie sich, dass Gott Ihnen diese Prüfungen mit auf Ihren Lebensweg gibt*; denn mit diesen Überprüfungen des Höchsten werden Sie *in der Lage sein, Ihr zukünftiges Leben bestens zu bestehen!*

Geduld ist erforderlich, wenn wir die Liebe Gottes in ihrer vollen Entfaltung genießen möchten. Geduld aber erfordert Ausharren. Vieles muss in unserer heutigen Zeit von jetzt auf gleich von statten gehen, schließlich leben wir in einer hochmodernen Zeitperiode, die kein Warten duldet. Gott aber lässt sich in Seinen Entscheidungen von der menschlichen Handlungsweise *keinesfalls* auch nur im Geringsten beeindrucken!

Falls Sie Gott bereits gefunden haben oder den hilfreichsten Schritt begehen wollen, den sie jemals vollführen können und folglich den Herrn noch finden möchten, wissen Sie bereits – oder Sie werden es noch erfahren, dass wir mit *Bedacht und Ausdauer* auf Seine weise Liebe *warten* müssen. Gott lässt sich *nicht* befehlen! Er ist kein Computer, der nach einem „Return – klick" auf der Tastatur unser begehrtes Wissen innerhalb von Sekunden stillt! Jedoch müssen Sie sich über diese Tatsache bewusst werden: Gott hat *immer das Beste für Sie bereit*, wenn Sie *voller Geduld und Langmut* auf die weisen Entscheidungen des Herrn *beharren*!

Bisher konnten wir erfahren, dass *Gott allein* über *vollkommene* und folglich *perfekte Eigenschaften* verfügt. Gene, die der menschliche Verstand nicht besitzt! Dieses Verstehen und Begreifen müssen wir uns aneignen, ja – wir müssen lernen, *Gott vollstes Vertrauen zu schenken*, um in die *Sphären* der Herrlichkeit *Gottes* förmlich *einzutauchen*, um diese in ihrer ganzen Pracht und Herrlichkeit *letztlich auch vollends genießen zu können*. Diese Vorgehensweise wird eine *Veränderung in unserem Dasein hervorrufen*, die wir *nimmermehr missen* wollen!

Wenn wir die Liebe des lebendigen Gottes *einmal* in Erfahrung gebracht haben, werden wir für *alle* Zeit an dieser grandiosen Gottesliebe festhalten und Seine weisen Ratschläge als ein

Zeichen Seiner Liebe *beständig* in unseren Herzen tragen. Dann wird das Licht der Wahrheit unsere Herzen dank des Heiligen Geistes *mit Freude erfüllen* und wir werden zum ersten Mal erkennen, dass *der Herr den Inbegriff der ewigen Liebe darstellt.*

Wenn wir uns die nun folgenden Bibelverse einmal näher betrachten, werden wir erkennen, wie sich die bewahrte Weisheit Gottes in unserem Leben prägend erkenntlich zeigt: *Mein Sohn, wenn du meine Worte annimmst und meine Gebote bei dir bewahrst, sodass du der Weisheit dein Ohr leihst und dein Herz der Einsicht zuwendest; wenn du um Verständnis betest und um Einsicht flehst, wenn du sie suchst wie Silber und nach ihr forschst wie nach Schätzen, dann wirst du die Furcht des Herrn verstehen und die Erkenntnis Gottes erlangen. Denn der Herr gibt Weisheit, aus seinem Mund kommen Erkenntnis und Einsicht. Er hält für die Aufrichtigen Gelingen bereit* (Sprüche 2, Verse 1 – 7)

Jemand, der die Nähe Gottes mit *vollster Entschlossenheit aufsuchen will*, hat den *wichtigsten Schritt des Lebens begangen*, sich *der Wahrheit des Höchsten mit allumfassender Dankbarkeit in Buße seiner eigenen Schuld anzunehmen.* Dieses suchende Herz dürstet – ja, es lechzt nach Gerechtigkeit und hat sich *mit Einsicht eigen verursachter Fehler an Gott gewendet.*

Mit dieser gewichtigen Entscheidung hat der Suchende eine bekennende Offenlegung der eigenen Buße vor dem Herrn *ehrfurchtsvoll er-* *und bekannt.* Ihm ist bewusst geworden, dass menschliche Weisheiten Grenzen des Machbaren aufweisen – diese konnten sein Leben *weder trösten, noch zukünftig positiv beeinträchtigen.* Fördernde Liebe *bleibt* mit diesem trostlosen Befund nur ein von Dunkelheit umgebener, lichtleerer Raum – gleich einer Sackgasse – ohne Umkehr. In seinem bisherigen Dasein haben sich trostlose Erkenntnisse als unüberwindbare, versperrte Schranken erwiesen. Diese Misere ist er nun *gewillt zu bekämpfen*, um eine *innige Gemeinschaft mit Gott aufzusuchen*; er sehnt sich nach *Geborgenheit, Liebe und nach unanfechtbarer Wahrheit*, die *nur Gott, der Herr* ihm *vollständig schenken kann.*

Dieser Mensch ist zur Einsicht gekommen, hat um Verständnis gebetet und ist mit vollster Entschlossenheit *gewillt*, nach *dem* Schatz des Lebens, *der Wahrheit Gottes Ausschau zu halten* wie nach *Silber*, ja – noch mehr, er sehnt sich mit größtem Begehren nach der Wahrheit, als ob er nach einem *Schatz des Reichtums* mit unablässiger Begierde fahndet. Der Suchende strebt nach einer *immerwährenden Geborgenheit. Fündig* wurde er daher *nur bei Gott, da der Herr allein* all diese Kriterien *in Vollkommenheit erfüllt!*

Nun versteht der Suchende *die Furcht des Herrn*, Gott schenkt ihm Seine Weisheit, die sich jedoch von menschlichen Charakteren *deutlich unterscheidet*. Mit dem *Heiligen Geist* segnet der Herr den Bittenden *mit Erkenntnis und Einsicht* und hält folglich für *den **Aufrichtigen** **Gelingen*** bereit. Der gnadenreiche Geist Gottes leitet den Gläubigen *zum Hören und zum Verstehen*; denn Gott liebt diejenigen Menschen, die den Herrn mit *aufrichtigem Herzen suchen*: **Ich liebe, die mich lieben, und die mich eifrig suchen, finden mich** (Sprüche 8, Vers 17)

Nun haben die weisen Worte Gottes das Angesicht des Bekehrten *erleuchtet* (Prediger 8, Vers 1b) Das Leben dieses Menschen hat eine *Kehrtwende* dank des innigen Glaubens *erfahren*. Der Herr lebt fortan durch die Aussendung des Heiligen Geistes in einem jeden Christen, um in den Gläubigen Sein für uns zugedachtes Werk Seiner Liebe zu *erfüllen*, **denn ge-**

nauso soll mein Wort sein, das aus meinem Munde hervorgeht. Es wird nicht leer zu mir zurückkehren, sondern es wird ausrichten, was mir gefällt, und durchführen, wozu ich es gesandt habe (Jesaja 55, Vers 11), spricht Gott, der Herr.

Nun steht noch eine weitere Frage im Raum, die da lautet: Warum konfrontiert Gott Menschen – Ungläubige und auch Gläubige anhand von Prüfungen? Dieser Frage wollen wir uns nunmehr gemeinsam annehmen, um ihre Wirksamkeiten, deren Sinn und die ausströmende Liebe Gottes anhand der Bibel, dem Handbuch des Lebens zu beantworten.

Das Wort „Prüfung" lässt in uns zunächst einmal unangenehme Gefühle aufkommen. *Wenn Gott uns doch liebt, warum greift Er dann zu solchen Maßnahmen?*

Blicken wir auf unser eigenes Leben zurück, so können wir oftmals die Behauptung bestätigen:
„Hätte ich noch einmal die Gelegenheit, mein Leben in dem Zeitpunkt meiner Notlage zu ändern, so hätte ich diesen wichtigen Schritt ohne zu zögern begangen, um mein Leben auf eine andere Spur, nämlich auf die Bahn der Verbesserung zu lenken. Dann wären mir einige Unannehmlichkeiten, die mein Leben in nahezu unerträgliche Umstände beförderten, erspart geblieben".

Eine Frage, die nun folgen muss, lautet:
„Warum habe ich mich dagegen gesträubt, diesen für mich in jeder Hinsicht lohnenden Schritt einzuleiten?"

Nun, der Mensch ist generell ein auf sich selbst bezogenes Lebewesen, das sich äußerst *ungern belehren* lässt. Wir streben nach Anerkennung und allzu häufig nach Machtausübung gegenüber unseren Nächsten. Bei diesen Handlungsmaßnahmen übersehen wir allerdings unsere *eigene Schwäche, die von einem jeden unter uns unwillkürlich ausgeht.* Diese Schwachstelle aber wollen wir *nicht erkennen,* weil wir zunächst einmal davon *überzeugt* sind, das gerade „ich" doch im Recht bin. Nun sind wir auf dem besten Weg uns *noch tiefer* in die eigene Trostlosigkeit zu begeben. Infolgedessen stehen die Worte *Schwachheit und Bescheidenheit* an der unteren Skala der Beachtung. Diese beiden Eigenarten müssen wir zuerst einmal genauer in Betracht ziehen, um uns darüber *bewusst* zu werden, warum diese Charaktere eine solch große Bedeutung der Überwindung der eigenen Schwäche argumentieren und demzufolge an der oberen Skala der *„Schwächebekämpfung"* ihren *„Beachtungsplatz"* einnehmen müssen, um diese letztlich zu beseitigen, um sie folglich gänzlich zu verdrängen:

Wenn wir die Worte **Schwachheit und Bescheidenheit** näher definieren, so kommen wir zu folgenden Ergebnissen:

Schwachheit: Es ist die *menschliche Schwäche, die Ermattung* und die daraufhin folgende *Energie- und Kraftlosigkeit,* die wir *überwinden müssen.*

Bescheidenheit: *Genügsamkeit, Achtung, Demut,* ja – der *Respekt* gegenüber unserem eigenen Leben und gegenüber dem Leben unserer Nächsten muss in den Vordergrund gehoben werden.

Sicherlich werden nun einige von den Lesern dieses Ratgebers die Behauptung erwähnen: „Der Autor dieses Buches gibt uns zwar gutgemeinte Ratschläge, aber *wie hat er selbst* die Worte *Schwachheit und Arroganz erfolgreich hinter sich ge-*

lassen, um ein Leben in Zufriedenheit und Freude bei Gott zu finden?" "

Ich werde diese Frage nicht unbeantwortet im Raum stehen lassen – und Ihnen einen kleinen Bericht meines erbärmlich geführten Lebens schildern, dass jedoch Dank der Gnade Gottes und dem Erkennen der eigenen Fehler sich in ein lebenswertes Dasein veränderte, für das ich dem Herrn sehr dankbar bin.

Als ich vor über zwei Jahrzehnten meine Berufsausübung im Transportgeschäft anstrebte, dachte ich noch nicht einmal im Traum daran, dass der Beruf des Disponenten mich an die Grenzen des Machbaren, ja – noch weit darüber hinaus leiten würde. War ich damals schon ein Christ? Nun ja, eher auf dem Papier, wie man so schön sagt. Dies bedeutet, dass ich Gott zwar anhand meiner jungen Jahre in der Sonntagsschule und in der Konfirmationszeit wahrgenommen hatte, jedoch dass mein Glaube keine fördernden Maßnahmen beinhaltete, daher kann ich nunmehr die Behauptung anstreben: Entweder man glaubt – oder man glaubt nicht. Da mein damaliger Glaube nur eine äußerst schwache Struktur besaß, traf wohl die letztere Feststellung auf meine Gottesbeziehung zu.

Mein Beruf, meine Chefs und die anzustrebenden Erledigungen der Arbeit waren für mich das „Non plus Ultra" meines in jeder Hinsicht erbärmlich geführten Lebens. Trotz aller Demütigungen, welche in dieser Branche an der Tagesordnung waren und oftmals auch an meiner Person Spuren ihrer Kennzeichnung hinterließen, sah ich keinen Anlass zur Umkehr. Es bedarf wohl keiner weiteren Erwähnung, dass die Bibel in einem dunklen Schrank verstaubte, denn diese nahm ich nicht in die Hand, um zur Erkenntnis der Wahrheit zu gelangen, die Gott, der Herr für *jeden* Menschen bereithält – für diejenigen Menschen, welche dieses Buch mit einem *aufrichtigem, zu Gott gewandten Blick ehrfurchtsvoll lesen.*

Trotz all dieser gewichtigen Fehler konnte ich wahrnehmen, dass Gott des Öfteren zu mir sprach: „Suche mich und Ich werde dir helfen". Hätte ich auf Seinen weisen Ratschlag gehört, so hätte sich mein Leben einige Jahre zuvor als ein von Gott beschenktes Dasein präsentiert, aber ich ignorierte törichter Weise dieses heilbringende Angebot des Höchsten mit sträubender Ignoranz...

Tägliches Arbeiten, auch an Wochenenden und Feiertagen - weit über die Belastungsgrenze hinaus, ließ mich nicht zu einem vernünftigen Urteilsvermögen kommen, welches hätte unmissverständlich lauten müssen: „Du musst dringend handeln und auf die Hinweise Gottes hören, sonst wirst du untergehen wie die Titanic".

Mein Leben lebte ich für meinen Beruf aus. Diesen Lebensstil betrachtete ich als ein „objektives Ausrichten" meiner Zukunft. Über zwei Jahrzehnte lang dauerte das eigen verschuldete Prozedere, denn es traten keine Verbesserungen in meinem Leben auf. Auch Stellenwechsel verhalfen zu keiner verbesserten Änderung, sondern verschlechterten mein Gemüt in ein unerträgliches Niveau der Selbstzerstörung. Mein Leben hatte nur noch den Wert eines vergänglichen Abfallprodukts. Dennoch ließen mich gutgemeinte Ratschläge, welche von meiner Familie, von meinem Bekanntenkreis oder von meiner Frau ausgingen, völlig kalt. Ich war sozusagen ein unbelehrbarer, sturer Mensch, obwohl ich erkannte, dass mein „Lebensstil" dringend nach einer Veränderung lechzte, die mir Gott doch angeboten hatte. Trotz aller Hilfeangebote versagte ich dem Herrn Seine Liebe zu meiner Person – ein mehr als nur fataler, nahezu zerstörender Fehler...

Dass ein auf Dauer geführtes Leben mit unabänderlichem Stress irgendwann zum Zusammenbruch führen muss, liegt auf der Hand. So erlitt ich nach über „zwanzigjähriger Ausdauer" „starke Depressionen", die in einer Fachklinik über eine Zeit von sechs Wochen „kuriert" werden mussten. Dort gab man mir die erschreckende Nachricht, dass, wenn ich mein Leben in einer solchen Art und Weise, wie ich es bis zu diesem Zeitpunkt geführt hatte, weiter bestreiten würde, ich noch eine Lebenserwartung von einem, mit ausgesprochenem Glück von zwei Jahren haben würde. Diese erschreckende Nachricht rief mich erstmals zum Nachdenken auf und belegte mir zugleich mit ihrer Heftigkeit die sofortige Umkehr meines Lebensstils. Die von der Klinik diagnostizierte Berufsunfähigkeit verwies mich auf den Boden der Tatsachen zurück. (Weitere Informationen können Sie in meinem Buch: Ein neues Leben – Depressionen mit himmlischen Vertrauen bewältigen / ebenfalls im BoD – Verlag erschienen, nachlesen!)

Gott hatte mir Seine weise Liebe und Hilfe *mehrmalig* in jeder Lebensperiode angeboten, doch der Ablehnende war ich selbst, weil ich der Meinung war, das Leben in mehr als beklemmender Eigenregie – die mich *nur* in trostlose Leere leitete, führen zu können. In wie weit sich diese Selbstüberzeugung verwirklichen konnte, zeigt Ihnen mein relativ kurzer Lebensabschnitt…

Doch ich trat mit Buße und Beschämung meines ehemaligen, verbrachten Daseins im Gebet vor Gott, dem Herrn und bat Ihn um Verzeihung und um die Annahme meiner Person – und Gott *verweigerte mir meine Bitte nicht, sondern der Herr errette mich und schenkte mir den Geist der Wahrheit* (Heiligen Geist), *sodass ich ab dieser Zeitperiode nunmehr ein Leben in der Gemeinschaft Gottes genießen kann.* Unser Herr Jesus Christus spricht: ***Wenn aber der Tröster kommen wird,*** (der

Heilige Geist) *den ich euch senden werde vom Vater,* (Gott) *der Geist der Wahrheit, der vom Vater ausgeht, der wird Zeugnis geben von mir* (Johannes 15, Vers 26 / Lutherbibel 1984)

Eines kann ich heute mit absoluter Gewissheit behaupten:

Ohne die uns zugesagte Liebe Gottes, die Er einem jeden von uns anbietet, ohne das Einsehen der eigen verursachten, schwerwiegenden Defizite, indem man Gott im Gebet mit Buße der eigen verschuldeten Fehler ehrfurchtsvoll und mit einem bekennenden Herzen aufsucht, ist der Mensch gnadenlos verloren.

In Josua 1, Vers 5 b spricht Gott folgende Worte: *Ich will dich nicht aufgeben und dich nicht verlassen.*

Diese Zusage des Höchsten gilt *nicht nur Josua,* dem Sohn Nuns, dem Nachfolger des Mose, der das Volk Israel in das gelobte, vom Herrn versprochene Land Kanaan führte, *sondern einer jeden einzelnen Person, welche den Herrn liebt und Seine weisen Worte im Herzen trägt.* Gott ermutigte Josua zu einem standhaften, nicht abfallenden Glauben und gab ihm die *garantierte Gewissheit,* dass Er für Josua *beständig da war.* Josua war *niemals allein, sondern Gott, der Herr war bei ihm!*

Gott gibt auch uns diese Zusage, wenn wir an Seine Worte glauben und diese in unseren Herzen verankern. Dann wird Gott den für uns zugedachten Plan in unserem Leben

verwirklichen, denn Er ist beständig mit uns und wir leben fortan in der bleibenden Gemeinschaft Gottes!

Was ich mit diesem Beispiel ausdrücken möchte, ist Folgendes:

Wenn ein ehemalig abtrünniger Mensch wie ich es war, der Autor dieses kleinen Buches, der ein damaliges, von Gott entfremdetes Leben in Eigenregie führte, vom Herrn nicht verlassen, sondern geliebt wird, wie sehr wird sich dann auch die Liebe Gottes an Ihrer eigenen Person erkenntlich zeigen, wenn Sie Ihn von Herzen aufsuchen und Ihm mit Buße Ihre Fehler bekennen?

Gott verzeiht Ihnen Ihre *sämtlich begangenen Fehler*, wenn Sie sich an Ihn im Gebet mit der Bekennung der Buße sorgenvoll wenden und *um Abhilfe der einst getätigten Fehler flehen!* Er wird Sie *befreien* aus dem Sog der Trostlosigkeit und Ihnen ein Dasein präsentieren, auf welches Sie *niemals mehr verzichten wollen. Gottes Worte sind zutiefst barmherzig und voller Gnade.* Eine Entscheidung für Gott ist *eine Verwirklichung für den Dienst der Liebe,* die der Gläubige dank der zugesandten Gnade des Heiligen Geistes in Erfahrung bringt. Das Wort Gottes schafft *den benötigten Freigang zur Ausübung der Liebe.* Die ertragreiche, lebensschaffende Liebe wird in ihrer Gesamtstruktur − *dank der Gnade Gottes* − in Ihrem Leben erkennbar werden, denn diese strömt nunmehr von Ihnen aus und wird andere Menschen positiv beeinflussen! Dieses Gottesgeschenk *befreit uns hin zu der Wahrheit, der Liebe, der Gerechtigkeit und der niemals mehr versiegenden Hoffnung.*

Worauf wollen Sie noch warten, wenn Sie diesen Schritt noch nicht begangen haben?

Doch warum prüft Gott auch Christen, die bereits den Glauben an Ihn angenommen haben?

Wie wir bereits erfahren konnten, vergeht kein Tag in unserem Leben, an dem wir uns nicht in irgendeiner Art und Weise Prüfungen stellen müssen. Einige von ihnen erweisen sich als alltägliche Begegnungen, die wir mit einer gewissen Leichtigkeit der Routine nahezu kaum noch wahrnehmen – andere wiederum erschweren uns den Alltag, weil der Grad ihrer Schwierigkeiten oftmals überschritten wird. Der Mensch ist von Natur aus ein undankbares Wesen, er verlangt und erwartet dementsprechend sehr viel, kaum jemand unter uns kann sich von dieser Misere gänzlich freisprechen. Häufig jedoch entmachten Überforderungen, die heutzutage von den Menschen untereinander schlichtweg verlangt werden, ihre auszuführende Machbarkeit. Ob sich diese Prüfungen letzten Endes als sinnvoll und konstruktiv erweisen, bleibt wohl leider als eine offene, eher unbeantwortete Frage für einige Menschen leer im Raum stehen. Ich möchte sie daher freiheraus als eher menschliche Schwachpunkte betiteln, die den Sinn des Lebens schlicht und einfach *nicht gewillt sind, zu erkennen.*

Doch wie unterscheiden sich die Prüfungen Gottes von denen der Menschen? Diesen ausgiebigen Fragen wollen wir uns annehmen und diese näher in Betracht ziehen, um den *eklatan-*

ten Unterschied erkennen zu können. Um detaillierte Antworten auf diese Fragen finden zu können, schlagen wir die Bibel auf und betrachten den Psalm 68, Vers 20 (Lutherbibel 1984).

Dort steht Folgendes geschrieben:

Gelobt sei der Herr täglich, Gott legt uns eine Last auf, aber er hilft uns auch.
Gott verschont uns *nicht* vor Prüfungen, sondern Er *fordert* von den Gläubigen, dass wir einen *„zu Ihm bezogenen Leistungsnachweis"* anhand unseres Glaubens bestätigen. Glaube, der *nur halbherzig* in seiner Ausübung *getätigt wird*, ist *weder standhaft, noch durchdringend, noch bleibend.* Dies bedeutet, dass *der Glaube Schwächen aufweist und somit von Gott gefördert werden will – hin zu einem Glauben, der standhaft, entschlossen, konstant und nicht wankend seine Liebe zu Ihm bezeugt.* Die gewollte Absicht, die uns der Herr damit vermitteln will, kristallisiert sich als ein durchaus *gutgemeinter Plan des Höchsten*, um unseren Glauben mehr und mehr *zu stärken* und ihn demzufolge *gewinnbringend zu fördern.* Weise Absichten und die Liebe zu uns gehören folglich zum Wesen Gottes, denn diese Merkmale *prägen die Visitenkarte des Höchsten. Der Herr ist der rundum perfekte Lehrmeister, dem wir bedingungslos vertrauen können!*
Gott legt uns zwar *eine Last auf*, aber der Herr kennt unsere Belastungsgrenze allzu genau, denn diese *überschreitet er nicht:* **Gott ist treu, der euch nicht versuchen lässt über eure Kraft, sondern macht, dass die Versuchung so ein Ende nimmt, dass ihr's ertragen könnt** (1.Korinther 10, Vers 13b / Lutherbibel 1984)

Wem können wir unser vollstes Vertrauen schenken, wenn nicht dem allmächtigen Gott?

Die für uns im ersten Moment *als „Strafmaßnahmen empfundenen Züchtigungen Gottes"* *entpuppen sich nicht als solche, sondern als die Liebesbeweise zu Seinen Kindern.* Der allwissende, barmherzige und gnadenreiche Gott hat einen Plan Seiner von Ihm ausgehenden Liebe für uns zur Verfügung gestellt, um in *die Erkenntnis der Wahrheit* zu gelangen, die Seinen weisen Charakter *überaus deutlich prägt.* Dieser *Wahrheit* sollen wir uns *annehmen,* sie förmlich *kopieren,* sodass Sein gutgemeinter, liebender Wille in unsere Herzen strömt und sich *gewinnfördernd entfaltet.*

Mit dieser allumfassenden Liebe und der Kenntnisnahme Seiner *immerwährenden Treue* erreichen wir *eine innige Beziehung zu Gott,* welche *auf Dauer einen ertragreichen Bestand haben wird.* Wir sind somit *gefordert, die Liebe Gottes in Ihrer Gesamtstruktur anhand unseres Glaubens zu erfassen,* um in diese Sphäre der *ewigen Geborgenheit* eintauchen zu können.

An dieser Stelle wird uns allzu deutlich bewusst, wie wichtig sich das tägliche Lesen in der Bibel erkenntlich zeigt, um diese fördernden Maßnahmen Gottes als den Leitfaden Seiner ewigen Liebe erfassen, entdecken und letztlich auch finden zu können, denn:

Wohl dem, den du Herr, in Zucht nimmst und lehrst ihn durch dein Gesetz – heißt es im 94. Psalm, Vers 12 (Lutherbibel 1984)

36

Im Buch Hiob können wir einen zu Gott bezogenen, nicht wankenden Glauben anhand der Person des Hiob kennenlernen. Hiob war *ein frommer, rechtschaffener und gottesfürchtiger Mann und mied das Böse* (Hiob 1, Vers 1 / Lutherbibel 1984) Der Glaube des Hiob stellte sich folglich als *glaubensstark und gottgefällig*, weiterhin als *gewissenhaft, aufrichtig und treu* heraus – kurzum, dieser Mann *verfügte über eine* überaus *gottesfürchtige Lebenseinstellung*, die von Gott auch als solche bezeugt wurde (Hiob 1, Vers 8)

Hiob besaß großen Reichtum, insgesamt zehn Kinder und seine Taten waren stets wohlgefällig vor dem Herrn. Doch Gott unterwies ihm trotz allem schwerste Prüfungen, um den Glauben des Hiob auf die Probe zu stellen. Hiob wurde vom Satan versucht. Dieser nahm ihm seinen Besitz, seine Kinder und schädigte seine Gesundheit welche die Belastbarkeitsgrenze des Ertragbaren aufwies. Doch selbst diese an die Grenzen der Zumutbarkeit anstoßenden Prüfungen ließen Hiob *nicht* von seinem Glauben weichen, denn *er hielt unmissverständlich an seinem Glauben zum Herrn stand.* Selbst als seine Frau zu ihm sprach: *Sage dich los von Gott und stirb!* (Hiob 2, Vers 9 b) – antwortete ihr Hiob: *Wenn wir das Gute von Gott annehmen, sollten wir da das Böse nicht auch annehmen?* (Hiob 2, Vers 10 b)

Letztlich besuchten ihn drei Freunde und erschwerten Hiob mit ihren „tröstenden Worten", die sich jedoch als kritisierende und somit gegen Gott gerichtete Reden entpuppten, (Hiob 42, Vers 7 b) mit noch weiteren zusätzlichen Leiden. Dann aber hob Hiob seine Unschuld vor dem Herrn heraus und warf Gott Skrupellosigkeit vor. Gott aber gab Hiob Seine eigen ermächtigte Offenbarung bedingt der von Ihm ausgehenden Schöpfung anhand Seiner Werke nochmals preis. Hiob musste diese fehlerhaften Anschuldigungen gegenüber Gott mit Buße von

Herzen bekennen und so wurde er von dem Herrn auf den Boden der Tatsachen zurückgeführt, denn Gott verzieh ihm. *Hiob aber bat für seine Freunde und der Herr erstattete Hiob alles doppelt wieder, was er gehabt hatte* (Hiob 42, Vers 10) *Und der Herr segnete das spätere Leben Hiobs mehr als sein früheres* (Hiob 42, Vers 12)

Das Buch Hiob ist ein zur Nachahmung empfohlenes Paradebeispiel, wie sich ein zu Gott bezogenes Leben für leidende, gläubige Menschen erkenntlich zeigt!

Es beinhaltet *besänftigende und darüber hinaus stärkende Zusprachen,* die sich uns letztlich als *Seelentröster* enthüllen. Es zeigt, dass Gott, der Herr oftmals Leiden in unserem Dasein gewährt, welche aber aufgrund tiefgründiger Handhabungen Gottes sich *als positive Wandlungen und daher als Verbesserungsmaßnahmen unserer geistlichen Besinnung bestimmt sind.* Anhand dieser Maßnahmen spiegelt sich jedoch die *immer während Gerechtigkeit des barmherzigen, ewigen Gottes allzu deutlich wider.*

Gleichzeitig weist die Not, die das Buch Hiob ausdrückt, auf das seit Beginn der Welt vorhandene Lösungskonzept Gottes hin: *Der Menschwerdung Seines Sohnes Jesus Christus,* unserem Erlöser, der jedoch Hiob bereits durch den Heiligen Geist schon in der damaligen, alttestamentarischen Zeit bedingt durch die Gnade Gottes wohl bekannt war, denn auf die Hoffnungen des Herrn Jesus Christus beruhten des Hiobs Aussagen, die sich in Zukunft tatkräftig verwirklichten (- siehe die noch folgenden Bibelstellen: Hiob 9, Vers 33 / Hiob 16, Vers 19 / Hiob 19, Vers 25.

Der Heiland allein kann uns aus diesen Notsituationen den Weg in das Reich der Himmel ebnen. Er allein ist *der Weg, die Wahrheit und das Leben* (Johannes 14, Vers 6)

Das Buch Hiob vervollständigt diese dringend zu benötigenden *„Bedürfnischaraktere"*, welche die Eigenschaften des Heilands Jesus Christus *voll und ganz prägen. Nur* mit den nun folgenden Eigenschaften des Heilands können wir in das Reich der Himmel gelangen. *Nur* in der Person Jesu Christi befindet sich all unsere Hoffnung und die Erfüllung der gnadenreichen Liebe Gottes, die seit dem Anbeginn der Welt *nur für uns, diejenigen Menschen*, die den *Herrn von Herzen lieben*, bestimmt wurde:

Es gibt auch keinen Mittler zwischen uns, der seine Hand auf uns beide legen könnte (Hiob 9, Vers 33)

Aber auch jetzt noch, siehe, ist mein Zeuge im Himmel und mein Bürge in der Höhe! (Hiob 16, Vers 19)

Ich weiß, dass mein Erlöser lebt, und zuletzt wird er sich über den Staub erheben (Hiob 19, Vers 25)

Jesus Christus *allein* besitzt die Eigenschaften *eines Mittlers, eines Bürgen und die des Erlösers. Der Heiland ist der Mittler vor Gott, dem Vater. Er bürgt vor uns und Er hat dem Tod am Kreuz von Golgatha als unser Erlöser die Macht genommen, dass alle, die an Ihn glauben, nicht verloren gehen, sondern das ewige Leben haben* (Johannes 3, Vers 15), denn –

Gott ist für Dich!

Ein von Gnade umhüllter Beweis der Liebe Gottes zu uns Menschen: Jesus Christus

Mit unserem Heiland Jesus Christus hat Gott uns eine heilbringende Wende Seiner barmherzigen Gnade in unser Leben hineingeschenkt. *Alle* Menschen sind nun einmal Sünder, von dieser beklemmenden − ja zum vernichtenden Tod führenden Last, die uns dem ewigen Tod preisgibt, kann sich *niemand* freisprechen − *auch kein Gläubiger.* Durch Adam, den ersten Menschen hielt die Sünde Einzug, durch ihn wurde sie uns von Mensch zu Mensch weitervererbt. In Psalm 14, Vers 3 heißt es: ***Es gibt keinen, der Gutes tut, auch nicht einen Einzigen!***

Zwar gab Gott, der Herr dem Mose die zehn Gebote und lehrte ihn Seine Gesetze, doch wie wir anhand der Bücher des Alten Testaments erfahren können, war *kein* Mensch in der Lage, diese von Gott gegebenen Gesetze *in die Tat umzusetzen, damit diese in deren Leben verwirklicht − also laut dem Willen Gottes ausgelebt - und gänzlich eingehalten werden konnten* (siehe Römerbrief Kapitel 7 + 8!)

Da Gott uns Menschen von ganzem Herzen liebt, verwirklichte Er sich selbst in Seinen Sohn Jesus Christus, dem fleischgewordenen Wort Gottes (Johannes 1, Vers 14), um den Menschen *grenzenlose Freiheit* schenken zu können, *denjenigen Menschen* unter uns, die Seinen Sohn *von Herzen lieben und Ihm bedingungsloses Vertrauen im Glauben schenken.*

Jesus Christus hat die Sünden der Welt am Kreuz auf Golgatha auf sich genommen, um uns, den Gläubigen, Ewiges Leben zu schenken. Er hat dem Tod die Macht entnommen, um uns *Christen die Sünde zu erlassen.* Jesus spricht: **Denn auch der Sohn des Menschen ist nicht gekommen, um sich dienen zu lassen, sondern um zu dienen und sein Leben zu geben als Lösegeld für viele** (Markus 10, Vers 45)

Christus hat das Gesetz Gottes nicht aufgehoben: **Ihr sollt nicht meinen, dass ich gekommen sei, um das Gesetz oder die Propheten aufzulösen. Ich bin nicht gekommen, um aufzulösen, sondern um zu erfüllen!** (Matthäus 5, Vers 17)

Diese zwei Aussagen des Heilands verdeutlichen uns noch einmal, *dass der komplette Inhalt des Alten Testaments (die Schrift der Verheißung) von Jesus nicht aufgelöst,* sondern anhand Seiner Person mit dem Vergießen Seines teuren Blutes am Holz von Golgatha zu unserer Sündenbefreiung *mit den Evangelien des Neuen Testaments (die Schrift der Erfüllung) erfüllte wurde!*

Daher *bestätigt und erfüllt* Jesus Christus das von Gott bereits seit Anfang der Welt für uns Gläubige bestimmte Ziel Seines Gesetzes (1. Mose 3, Vers 15!), das damit verbundene Ende des Gesetzes und folglich die Erfüllung des Gesetzes.

Diese Tatsache verweist uns auf folgenden Glaubenshinweis:

Die von Gott verwirklichte Liebe zu uns kann sich nicht deutlicher, barmherziger, liebevoller und auch gnadenreicher präsentieren, als mit dem größten Geschenk der Weltgeschichte: Mit Jesus Christus − unserem Heil!

Mit Seinem Sohn schenkt uns Gott die Freiheit zum Gesetz, die aber deutlich wie folgt unterschieden werden muss:

- *der Christ steht nicht länger unter dem Gesetz*

- *der Christ kann sich dem Gesetz nicht verwehren*

- *sondern der Christ ist ein in Christi Gesetz verschmolzener Teil des Gottessohnes und somit frei vom Gesetz*

Eine zum Jauchzen und Jubeln veranlassende Nachricht hat Einklang in unserem Dasein gefunden: Das ehemalig von Gott entschiedene und durch die Gesetze Gottes abhängige *Todesurteil* wurde *durch die Person Jesus Christus in einen von Gott gewollten „Gnadenbereich des Ewigen Lebens" verwandelt!*

Wer Jesus Christus nachfolgt, Ihn liebt, Ihn um Vergebung der Sünden bittet, der kann, - ja der wird in Ewigkeit nicht verlorengehen, sondern das Ewige Leben haben, denn niemand wird diese Menschen aus der Hand des Heilands entreißen (Johannes 10, Verse 27 + 28). Wir leben nunmehr *in der Gemeinschaft Christi als* **Gottes Hausgenossen,** *sind nicht länger Fremde* (Epheser 2, Vers 19), denn wir sind nunmehr *in Christus – einer neuen Schöpfung!* (2. Korinther 5, Vers 17)

Jesus Christus hat uns *von der Verweslichkeit in das Ewige Leben hineingerufen* – welch eine Freude – wir können Teilnehmer an der himmlischen Festfeier werden!

Seine Einladung gilt auch für Sie!

Tag für Tag können wir fortan die Gemeinschaft mit Jesus genießen. Der Reformator Martin Luther schreibt:

Christi Himmelfahrt und Sein Sitzen zur Rechten Gottes muss man ein tätig und kräftig Ding sein lassen, das ständig in Wirkung steht, und nicht denken, dass Er aufgefahren sei, da oben sitze und uns hier regieren lasse. Sondern darum ist Er aufgefahren, weil Er dort am meisten schaffen und regieren kann... Darum hüte dich, dass du nicht so denkest, dass Er jetzt weit weg von uns sei, sondern grad umgekehrt: da Er auf Erden war, war Er uns zu fern, jetzt ist Er uns nahe.

Diese niedergeschriebenen Worte Luthers bestätigen seinen Glauben, als auch den Glauben sämtlicher Christen an den Herrn Jesus Christus – und bewahren gleichzeitig die von Christi zugesagten Worte der *allumfassenden Wirkung Seiner ewigen Präsenz*: Die Aussendung des *Trösters,* (Johannes 15, Vers 26 / Lutherbibel 1984) *des Heiligen Geistes,* der diese belangvolle Zusage ab diesem Zeitpunkt bis in alle Ewigkeit voller Tatendrang *erfüllen* wird. Gläubige sind demzufolge die Nutznießer der *niemals vergehenden Hoffnung,* die sich in der Person Jesu Christi Tag für Tag bestätigt. *Wir sind erfüllt von dem Glanze Christi!*

Lassen Sie uns dieses gnadenbringende Wohlgefühl, welches uns von Gott in unser Leben hineingeschenkt wurde, einmal näher kennenlernen:

Mit der Geburt unseres Heilands Jesus Christus hat der Glanz der Warmherzigkeit und Nächstenliebe Gottes globalen Einzug gehalten. Anhand dieses Ereignisses offenbart der Herr der Menschheit die von Ihm in geschichtlichen Abschnitten geprägten Vorhaben. Diese von Gott erwählten Zielsetzungen geben der Menschheit Seine Worte und Wege bekannt, die Er in weiser Absicht als Zeichen Seiner Liebe zu uns wohlwollend erwählt hat. Es sind *die Kennzeichen der Weisheit Gottes, die grundsätzlich auf allwissender Basis der unanfechtbaren Wahrheit beruhen.*

Die seit Ewigkeit angekündigte Geburt Seines Sohnes weist auf Gottes Herrlichkeit hin, die ab diesem Zeitpunkt die Klarheit und die Präsenz der unwiderruflichen Realität annahm. Mit diesem *größten und gnadenreichsten Weltereignis* hat sich der Herr bei Seiner Selbstverwirklichung in Seinen Sohn der Menschheit sichtbar erkenntlich gezeigt, denn Sein Wort wurde Fleisch (Johannes 1, Vers 14)

Im Lukasevangelium können wir die Ankündigung, als auch die Geburt unseres Heilands Jesus Christus nachverfolgen. Gott der Herr hat diese Heilsverkündigung der Menschheit nicht verwehrt, sondern unmissverständlich als ein Zeichen der barmherzigen Gnade zu uns anhand der von Ihm erwählten Personen wohlwollend preisgegeben (siehe wiederum Lukasevangelium Kapitel 1 + 2) Diese vom Herrn gewollte Handlung vermittelt uns erneut die Erkenntnis, dass Gott der Vater unseres Herrn Jesus selbst ist. Er verwirklichte sich in Seinen Sohn, dem Erlöser der Gläubigen, um uns die von Ihm stets versprochene Gewährleistung (siehe die Schriften des Alten Testaments) in Erfüllung (siehe wiederum die Schriften des Neuen Testaments) zu bringen. Ein Bibelzitat aus dem Buch des Propheten Jesaja lautet: ***Darum wird euch der Herr selbst ein Zeichen geben: Siehe, eine Jungfrau ist schwanger und wird einen Sohn gebären, den wird sie nennen Immanuel*** (Immanuel bedeutet: „*Gott mit uns*" // Jesaja 7, Vers 14 / Lutherbibel 1984)

Der Erlöser ist da! In Gott erscheint der von Ihm verkündigte Messias, der Erretter der Welt!

Jesus Christus ist Gott selbst, ein Teil Seiner Trinität, (Dreifaltigkeit = Gott Vater, der Sohn und der Heilige Geist) Mensch und Gott zugleich. Diese gewichtige und alles errettende Tat Gottes ist nunmehr die Bestätigung Seiner uns zugedachten, von Gnade erfüllten Barmherzigkeit, die sich uns in Christus *ohne hinterfragende Gedanken auf Ewigkeit erkenntlich zeigt*, denn Jesus spricht: **Ich und der Vater sind eins** (Johannes 10, Vers 30)

Der Geist der Wahrheit, die der Herr Seinen Auserwählten (Gläubigen) seit Anbeginn der Welt in deren Herzen legte, (Matthäus 25, Vers 34) kann nunmehr frei heraus und ohne Zweifel behaupten:

Glauben heißt Wissen! – Halleluja!

Das Werk Gottes (der Heilige Geist) hat die Frucht Seines Willens ertragreich genährt und uns an das Licht Seiner Wahrheit geleitet. Gott ist uns mit Seiner Selbstverwirklichung in der Person Christi als Mensch *sichtbar* geworden. Die erlösende, befreiende und errettende Liebe Gottes ist zu uns auf die Erde herabgekommen, *um uns aus unserem dunklen, inneren Verlies heraus die Freiheit zu geben, die wir dringend brauchen, um von Ihm, Seinem Sohn zur Erlösung unserer Sünden in das Licht der ewigen Freiheit zu gelangen.*

Wir können unseren Ungehorsam *nicht leugnen oder* diesen beträchtlichen Faupax gar *beachtungslos vertuschen*. Unser inneres Bewusstsein spricht zu uns: Du bist ein Sünder! Wir können auch Gott, den Herrn *nicht* für unsere Verlorenheit verantwortlich machen. In all diesen Punkten können wir nur hoffen und auf die Gnade des Höchsten vertrauen. Gott hat diese innere, humanitäre Unbeholfenheit *nicht ignoriert*, sondern *der Allmächtige wurde sichtbar in der Person des Heilands – Jesus Christus.*

Das Krippenkind kam in Armut und gab uns Reichtum. Es war *sündenfrei*, doch übernahm Es die unsrigen. Sein Wesen war voller Gnade, doch wurde diese nicht zur Kenntnis genommen (Johannes 1, Vers 10). Es war unschuldig und büßte unsere Schuld ein – nur für ein einziges gnadenreiches Ziel, welches allein vom Höchsten ausging:

Zu unserer Errettung aus dem Fallstrick der Sünde – denn:

Gott ist für Dich!

Gottes tröstender Beistand im täglichen Leben

Das nächste Kapitel, welches wir nun näher betrachten wollen, wird geprägt von umfassenden Worten der Heiligen Schrift. Folglich werden wir die dazugehörenden Kapitel in spezifische Passagen anhand ihrer Schwerpunkte unterteilen.

Um mit einem prägenden Anfang dieses umfangreiche Kapitel zu beginnen, wenden wir uns zunächst einmal an die bereits von mir zitierten und von dem Apostel Paulus verfassten Worte, die ich hiermit noch einmal niederschreiben möchte, denn diese bestätigen die Glaubensannahme und die Gewissheit eines sehnsuchtsvollen, christlichen Herzens mit der Errettung der Gläubigen durch unseren Herrn Jesus Christus. Sie lauten:

Denn wenn du mit deinem Mund Jesus als den Herrn bekennst, und in deinem Herzen glaubst, dass Gott ihn aus den Toten auferweckt hat, so wirst du gerettet (Römer 10, Vers 9)

Unser Glaube und die Errettung durch unseren Herrn Jesus Christus beruht auf diesen von dem Apostel Paulus durch den Heiligen Geist verfassten Worten, die das *christliche Bekenntnis der Osterbotschaft an die Gläubigen* preisgibt. Wir glauben mit unserem Herzen und bekennen mit unserem Mund, *dass unser Herr Jesus gekreuzigt − und am dritten Tag von* **Gott aus den Toten auferweckt** *wurde.*

Dieser Glaube, der aus dem Herzen heraus entspringt, ist des Christen „*Gewährleistung*" für das Ewige Leben − der Glaube und das mündliche Bekenntnis. Diese Glaubenskombination leitet uns in das von Christi zugesagte Heil — wir haben die Wahrheit Gottes in unseren Herzen, der „Station des Glaubens" mit unserem Mund bekannt und infolgedessen verwirklicht. All der Christen Blicke auf das Holz von Golgatha können unseren Mündern diese Wahrheit nicht länger verschweigen. Denn diese muss ausgesprochen und bekannt werden. Jesus spricht: *Ich bin die Auferstehung und das Leben. Wer an mich glaubt, wird leben, auch wenn er stirbt; und jeder, der lebt und an mich glaubt, wird in Ewigkeit nicht sterben* (Johannes 11, Vers 25 + 26)

Die Schranke der Liebe wurde von Gott durch diesen Glaubensgrundsatz *geöffnet und gewährt* uns den *Eintritt* in das *Reich der Himmel. Unsere unwiderrufliche Gewissheit hat uns dieses wunderbare Geschenk durch den Heiligen Geist in unsere Herzen verwirklicht.* An dieser Stelle wird uns allzu deutlich bewusst, wie sich *der wahrhaftige Glaube mit der Zusage, ja — der Garantie Gottes verbündet und bestätigt, denn Gott spricht: Ich will dich nicht aufgeben und dich niemals verlassen* (Josua 1, Vers 5)

Trotz all dieser unwiderruflichen Gewissheiten ist der Mensch ein durch und durch gebrechliches Wesen. Traurigkeit, Kummer und Sorgen erschweren uns die doch stets zugesagten Worte unseres Gottes in ein durch selbstzweiflerisches, bedenkliches und folglich schutzloses Dasein der Verzweiflung.

Da der wunderbare, allmächtige und gnadenreiche Gott unsere Schwächen mit *allen ihren Bedürfnissen genauestens kennt*, hat Er uns die beschützende Flexibilität Seiner Worte und Tröstungen in das *Handbuch unseres Lebens, der Bibel* anhand der von Ihm auserwählten Personen *verfassen lassen.*

Wiederum wird uns an dieser Stelle erneut und mehr als deutlich bewusst, dass wenn wir die Bibel mit ihrem von Gott gewollten Inhalt *Tag für Tag zu Rate ziehen* würden, uns mancher Kummer erspart bliebe. Aus diesem Grund ist das von *Gott geschaffene Buch der Bücher in seinem Gesamtkonzept das Buch der unwiderruflichen Wahrheit.*

Die Bibel ist somit ein auf Gottes barmherziger Weisheit aufgebautes Buch für die *täglichen Bedürfnisse der Menschheit*, um dass die Liebe des Höchsten in der Gesamtstruktur mit ihren insgesamt 66 Büchern in uns *hilf, – segensreiche und zugleich Gottes individuelle Lösungen für die Gläubigen bereithält. Sie ist der prägende Liebesbeweis Gottes zu uns Menschen, die ihre unfehlbare Einzigartigkeit tagtäglich dank der Weisheit Gottes wohlwollend signiert.*

Mit dieser bedeutenden Erkenntnis beginnen wir nunmehr tiefer in die kraftspendenden Sphären Gottes einzudringen und beschäftigen uns fortan mit den bereits angekündigten spezifischen Passagen, die uns ein Bestehen unter der Regie Gottes widmen möchten – Seiner weisen Liebe und Seinen weisen Ratschlüsse *für ein sorgenfreies, gnadenumwobenes Dasein in der Gemeinschaft des Höchsten* – denn:

Gott ist für Dich!

Gottes Hilfe in der Not

Betrachten wir folgende drei Bibelstellen, die der Apostel Paulus verfasste, so werden wir in diesen Worten die hilfreichen Maßnahmen Gottes, die uns in der Not beistehen, wahrnehmen. In einem Abschnitt des Römerbriefes schreibt der Apostel Folgendes:

Ebenso kommt aber auch der Geist unseren Schwachheiten zur Hilfe. Denn wir wissen nicht, was wir beten sollen, wie sich`s gebührt; aber der Geist selbst tritt für uns ein mit unaussprechlichen Seufzern. Der aber die Herzen erforscht, weiß, was das Trachten des Geistes ist; denn er tritt so für die Heiligen ein, wie es Gott entspricht. Wir wissen aber, dass denen, die Gott lieben, alle Dinge zum Besten dienen, denen, die nach dem Vorsatz berufen sind (Römer 8, Vers 26 – 28)

Der Apostel beschreibt, wie sehr sich der Gläubige danach sehnt, ja – es ist eine verlangende Hoffnung, die wir in unserem gläubigen Herzen tragen, das Gewand des Friedens im Himmelreich von Jesus Christus übergeben zu bekommen. Es ist jene unsichtbare Hoffnung, die unseren Glauben durch die Kraft des Heiligen Geistes *leitet und auch stärkt*. Paulus will uns zu verstehen geben, dass ein Hoffen auf etwas nicht Sichtbares den eindrücklichen Beweis darstellt, der den wahren Glauben prägend hervorhebt und folglich widerspiegelt. Dieser Zusammenhang entsteht durch die Lehre unseres Heilands Jesus Christus, der unsere Existenz am Tag Seiner Wiederkunft lebendig machen wird. Die erforderliche Geduld in Form des

Ausharrens, so Paulus, wird als ein weiteres Zeichen der Zugehörigkeit zu Jesus Christus eindrucksvoll erkennbar.

Die zu benötigten Bausteine des noch nicht fertig gestellten Gebäudes haben wir mit dem *Eckstein* (Jesus Christus) stückweise zu einem nunmehr heranwachsenden, fertigen Gebäude verwandelt. Diese *„Stück für Stück – Bauweise"* bestätigt, dass *wir zusammen mit der unentbehrlichen Hilfe Jesu Christi,* die wir so dringend für den fertig zu stellenden Bau dieses gnadenbringenden Gebäudes brauchen, *hineingenwachsen sind.* Unser Glaube hat sich an die Wahrheit der Worte Jesu voller Vertrauen angeschmiegt, und hat somit die *erforderliche Wachstumsperiode mit Seinem Beistand gefördert.*

Die von Jesus ausgehende Achtsamkeit in Form des Heiligen Geistes ist es, die diesen lebensbestimmenden Bau im Glauben vorantreibt. Der Heiland legt den Grundstein dieses Gebäudes, auf den wir anhand unseres geschenkten Glaubens ein nun fertig gestelltes Gebäude präsentieren werden. Dieser geschenkte Geist prägt wiederum die benötigte Hilfe Christi, die durch unser Gebet gefördert wird. Die Verbindung der von Christus ausgehenden Gnade mit der sündenbelasteten Natur des Beschenkten weist die Schwachheit auf, welche durchaus als ein störender Faktor unseres Lebensweges bezeichnet werden kann. Das Gebet, welches wir zum Herrn sprechen, lässt Ihm unsere Wünsche, Sorgen und Lasten erkennen. Diese innerlich bedingte Schwachheit zeigt einmal mehr, dass wir auf die Hilfe Gottes angewiesen sind. Wir sind die Kinder Gottes, wir haben den Geist der Erkenntnis, jedoch trägt unsere fleischliche Natur dazu bei, dass die Schwachheit in Form von begangenen Sünden unseren Glauben schwächt. Paulus schreibt in Vers 26 des Römerbriefes Folgendes:

Ebenso kommt aber auch der Geist unseren Schwachheiten zur Hilfe. Denn wir wissen nicht, was wir beten sollen, wie sich's gebührt; aber der Geist selbst tritt für uns ein mit unaussprechlichen Seufzern.

Diese Schwachheit des Gebetes lässt uns, so der Apostel, oftmals den eigentlich gewollten Sinn, den wir an Gott und Jesus Christus ausrichten wollen, verfehlen. Doch Gott und Jesus Christus, die mit dem Heiligen Geist diesen gewollten, dennoch verfehlten Versuch in dessen Schwachheit erkennen, tragen dazu bei, diese Gebete dennoch zu verstehen. Der *Geist* Gottes, so Paulus, der *mit unaussprechlichen Seufzern* für uns eintritt, geht sozusagen nicht von dem Betenden aus, sondern vom Heiligen Geist, ja – der in uns wohnende Geist Gottes seufzt über die Schwachheit des Betenden, als ein Zeichen, dass der in uns lebende Heilige Geist mitseufzt. Der Heilige Geist, der als der mitwirkende Faktor in unserem Leben den bestimmenden Teil unseres auslebenden Glaubens, sowie die unerschütterliche Hoffnung an Gott kürt, ist Teilnehmer an der von uns eingereichten Klage des Gebetes.

Der allwissende Gott jedoch erkennt all die Schwachheiten die sich im Leben Seiner Auserwählten (*Heiligen* / Vers 27) anhäufen. Dieses Aushängeschild des allmächtigen Gottes – dieses für uns Menschen völlig unbegreiflich zu verstehende Wirken des gütigen Gottes, weist Seine Liebe zu uns auf, welche die Gläubigen wieder und wieder an das Ziel Seiner uns vorherbestimmten Richtung mit barmherzigem Wohlwollen leitet. Dieses gnadenbringende Geschenk Gottes aber wird nur denen zu Teil, die Ihn auch von Herzen lieben, *denn er tritt so für die Heiligen ein, wie es Gott entspricht* (Vers 27). Nur die Berufenen des Herrn werden Anteilnahme an diesem grandiosen Gottesgeschenk haben.

Die letzten Verse des achten Kapitels des Römerbriefes geben den Kindern Gottes Zuversicht, ja – Optimismus in Form von Lebensfreude, sowohl im jetzigen Dasein, als auch in der Zukunft. Das Wissen, über welches uns der Apostel Paulus in Vers 28 informiert, können wir jeden erneuten Tag in unserem Leben auf ein Neues vollauf genießen. Wir sind, so Paulus, die vom Herrn Berufenen, die bedingt durch die Anteilnahme Gottes dieses wunderbare Geschenk in unserem Dasein erhielten. So mag es uns manches Mal verkommen, dass ein Eindruck des Verlassens Gottes unser Leben betrübt. Doch wenn man das Vorhaben des Allmächtigen näher verstanden hat, so wird man feststellen, dass der Herr unser Leben in ein Bild Seines Sohnes formen will. Gott hat den Willen, welcher abermals Seine grandiose Liebe zu uns preisgibt, dass wir mit Seiner Unterstützung in Form von Züchtigungen in die Lehre des christlichen Glaubens gelangen. Diese Form der Liebe ist prägend, lehrend, erwählend, rechtfertigend und vorausbestimmend – kurzum:

Des Herrn Liebe leitet uns in die vom Herrn beabsichtigten Vorhaben, Schritt für Schritt Seine bewusst uns zugedachten Liebeshinweise als solche wahrzunehmen und zu erkennen, um diese Maßnahmen der liebevoll uns zugedachten Züchtigungen anzunehmen, um sie folglich erfüllen zu können. Diese erforderlichen Handhabungen des Höchsten ebnen uns, dank Seiner barmherzigen Hilfe, den Weg in das Reich der Himmel. Das ist die Absicht Gottes; Er vollführt Sein seit der Ewigkeit bestehendes Vorhaben, welches ausschließlich von der Liebe zu uns gekennzeichnet ist.

(Diese Textauslegung des Römerbriefes, Kapitel 8, Vers 26 – 28, Seiten: 198 - 202, wurde aus meinem bereits veröffentlichtem Buch: Der Römerbrief, ebenfalls im BoD – Verlag erschienen, übernommen)

Eine weitere deutliche Maßnahme der Hilfe Gottes in der Not können wir im 1.Korintherbrief nachlesen. Dort heiß es:

Es hat euch bisher nur menschliche Versuchung betroffen. Gott aber ist treu; er wird nicht zulassen, dass ihr über euer Vermögen versucht werdet, sondern er wird zugleich mit der Versuchung auch den Ausgang schaffen, sodass ihr sie ertragen könnt. (1.Korinther 10, Vers 13)

Mit dieser Aussage will uns Paulus zu verstehen geben, dass wir mit Konflikten der Sünde in unserem Leben konfrontiert werden. Bisher, so der Apostel, haben uns „*nur*" menschliche Anfechtungen das Leben erschwert. Der Gesandte Gottes weist uns ausdrücklich darauf hin, dass diese von ihm betonten menschlichen Versuchungen bereits in einem jeden von uns stattgefunden haben. Dies bedeutet wiederum, dass diese Versuchungen zwar *einen „individuell geprägten Charakter"* besitzen, jedoch dass diese in ihren Eigenschaften „*identisch geprägten Charaktere"* sich abermals gleichen. Es handelt sich demzufolge um menschliche, uns durchaus bekannte Versuchungen, die sich dennoch auf *vielschichtige Spannweiten* anhand spezifischer Ein- und Auswirkungen, welche sich an einen jeden einzelnen Menschen erkenntlich zeigen, ihre effektive Wirkung präsentieren. Trotz aller Anfechtungen *können wir diese Versuchungen mit unserem Glauben* – dank der barmherzigen Güte Gottes *erfolgreich bekämpfen.*

Paulus betont diese Aussage wie folgt: Der Betroffene kann diese Anfechtungen dank der Hilfe des gnadenreichen, *treuen Gottes, der es nicht zulassen wird, dass wir über unser Vermögen* (über unsere *Kraft* / Lutherbibel 1984) *versucht werden*, bestehen.

Gott legt uns eine Last auf, aber er hilft uns auch, schreibt der Psalmist David in Psalm 68, Vers 20 / Lutherbibel 1984)

54

Folglich sind die Gläubigen, die der Apostel Petrus beschreibt, die Bekehrten: *ein auserwähltes Geschlecht, ein königliches Priestertum, ein heiliges Volk, ein Volk des Eigentums, damit ihr die Tugenden* (*Wohltaten* / Lutherbibel 1984) *dessen verkündigt, der euch aus der Finsternis berufen hat zu seinem wunderbaren Licht* (1.Petrus 2, Vers 9)

Wir Gläubigen sind *auserwählt*, sprich – *auserlesene und damit begnadete Kinder des Höchsten, ein königliches Priestertum*, sprich – *wir sind vor Gott angesehen und würdig vor dem Herrn gesetzt zu sein, ein heiliges Volk*, sprich – *wir sind ehrwürdig Geweihte und von Gott Gesegnete, ein Volk des Eigentums*, sprich – *wir gehören durch unseren Glauben in den übernommenen Besitz des Allmächtigen und sind somit Gottes Hausgenossen* (Epheser 2, Vers 19)

Der Herr hat uns *aus dem dunklen Kerker unserer einstigen Verlassenheit mit dem Licht der Wahrheit in eine zu Ihm bezogene Freiheit versetzt*, die dank unseres Glaubens von Gott bestätigt wurde. Das verschattete Dasein ist vom Allmächtigen durch Christus *vertilgt worden* – welch eine Freude!

Nun wird uns allzu deutlich bewusst – wenn wir die Aussage des Paulus im 1.Korintherbrief 10, Vers 13 und die des Petrus im 1. Petrusbrief 2, Vers 9 miteinander vergleichen, dass die für *uns von Gott bestimmte Harmonie* Seiner uns zugeteilten Gnade *mehr als deutlich hervortritt*. Alle diese Kriterien sind ein *klares Indiz der Fürsorge* des himmlischen Vaters, die Er uns *nicht verwehrt*, sondern Tag für Tag *dank Seiner Gnade und Liebe zukommen lässt*, für alle Menschen, die Ihn von ganzem Herzen lieben.

Kommen wir wieder zurück zum 1.Korintherbrief 10, zum dreizehnten Vers. Paulus beschreibt Gott als *treu*. Definieren wir das Wort *„Treue"*, so werden wir folgende Eigenschaften aus diesem Nomen darlegen:

Es beinhaltet eine *konstante Zuverlässigkeit*, die sich wiederum mit *makelloser Beständigkeit* kennzeichnet; weiterhin ist Treue ein Zeichen des *sorgfältigen Verantwortungsbewusstseins* des allmächtigen Gottes, die sich gegenüber uns zur fortwährenden Geltung legalisiert.

Folglich ist *die Treue als ein Zeichen der Fürsorge Gottes* zu uns Menschen zu betrachten. Wir haben einen *liebevollen, hilfsbereiten und mitfühlenden Beobachter*, der uns mit *beständiger, ja - perfekter Einfühlsamkeit durch unser Dasein lenkt.* Wir sind *nicht auf uns allein gestellt, sondern Gott tritt für uns ein*, weil Er uns von Herzen liebt. Daher können wir *stets* mit ruhigem Gewissen den Anfechtungen anderer Personen entgegensehen. Sie erschweren uns den Alltag, sie sind der Feind unseres Gemütes, jedoch haben wir einen *Fürsprecher*, der uns von diesen Qualen *befreit*, denn Gott, der Herr **wird zugleich mit der Versuchung auch den Ausgang schaffen**, sodass wir diese ertragen − sprich *bewältigen können.*

Halleluja, wir sind in unseren Sorgen, Nöten und Ängsten *nicht allein gelassen*, sondern Gott ist unser *ständiger Begleiter, ja − unser Beschützer*, der uns *die Belastungen in ein erträgliches Maß der Zumutbarkeit in besänftigender Form preisgibt, ohne* dass wir anhand dieser Versuchungen in Empörung geraten, sondern diese Dank Seiner gütigen Hilfe *überwinden.*

Wohl dem, der sich der Liebe Gottes mit vollstem Vertrauen widmet!

Gottes Beistand in Ratlosigkeit

Auch die Ratlosigkeit ist ein weiteres Indiz der menschlichen Schwäche, aus der sich niemand freisprechen kann. Zwei weitere Bibelstellen wollen wir uns nun einmal näher in Betracht ziehen, um diese Verlegenheit anhand der Heiligen Schrift – dank der Maßnahmen Gottes zu erläutern.

Zum einen handelt es sich um Zitate des Apostels Paulus an die Philipper, die andere Bibelstelle führt uns erneut zum Brief des Jakobus, den ich zwar in diesem Buch zum Teil schon niedergeschrieben habe, jedoch ohne dass die Worte dieses bedeutenden Briefabschnittes von mir näher in Betracht gezogen wurden.

Widmen wir uns zuerst dem Philipperbrief, denn dort steht geschrieben:

Sorgt euch um nichts; sondern in allem lasst durch Gebet und Flehen mit Danksagung eure Anliegen vor Gott kundwerden. Und der Friede Gottes, der allen Verstand übersteigt, wird eure Herzen und eure Gedanken bewahren in Christus Jesus! (Philipper 4, Vers 6 + 7)

Die von dem Apostel Paulus verfassten Worte *sorgt euch um nichts* dürfen wir in Vers 6 nicht falsch auffassen. Paulus will uns *nicht* zu verstehen geben, dass wir uns ein sorgenfreies, unbekümmertes Dasein auf Erden verschaffen sollen. Diese Aussage würde der christlichen Lebensweise total entgegensterben!

Vielmehr bezieht sich der Apostel auf den von ihm weiterverfassten Satz, der da lautet: *sondern in allem lasst durch Gebet und Flehen mit Danksagung eure Anliegen vor Gott kundwerden* (Vers 6). Dieser weiterführende Satz schenkt uns die Aufklärung seiner uns zugeteilten Lehre. Wenn wir uns den Psalm 55, Vers 23 ansehen, so werden wir die von David niedergeschriebenen Worte in ähnlicher Verfassung nahezu identisch, jedenfalls sinngemäß wiedererkennen: *Wirf dein Anliegen auf den Herrn, und er wird für dich sorgen; er wird den Gerechten in Ewigkeit nicht wanken lassen!*

Der Apostel Paulus, als auch der Psalmist, König und Prophet David wollen uns zu verstehen geben, dass wir Gläubigen, die dem Herrn *vollstes Vertrauen mit Hilfe des Gebetes* schenken, eine bedingt durch dieses Gebet *verrichtende Loyalität in unserem Dasein einplanen können*, weil wir Gott Dank unseres Glaubens *rundweg vertrauen*.

Alle Sorgen, Nöte, Ängste, ja – *alle unsere Beunruhigungen können wir dem Herrn ohne zu zögern im Gebet anvertrauen*. Dies wiederum bedeutet, dass wir einen wohlgefälligen Lebensstil gemäß den vorgegebenen Richtlinien der Bibel vollführen sollen. Aufgrund unserer sündigen Natur ist es uns aber versagt, diese Lebensart anhand der Weisungen Gottes exakt und somit fehlerfrei zu erfüllen. Wir benötigen eine Hilfe, welche unsere sündige Natur verdrängt; eine Hilfe, die diesen Fauxpas *nicht nur verdrängt, sondern auch beseitigt*. Was wir brauchen, ist die Hilfe und Zuneigung unseres Heilands Jesus Christus. Er *verzeiht und vergibt* uns die Fehler, die wir Ihm im Gebet mit den Worten der Buße von Herzen bekennen.

Unser Herr Jesus spricht: *Kommt her zu mir alle, die ihr mühselig und beladen seid, so will ich euch erquicken!* (Matthäus 11, Vers 28)

Der Heiland ruft uns auf, ja – uns bleibt Seine Hilfe *nicht versagt,* sondern Jesus will mit Seiner zuneigenden und barmherzigen Hilfe *all unsere Sorgen lindern.* Wir sollen uns an Ihn wenden, Ihm unsere Anliegen mitteilen, sodass wir uns an der kraftspendenden Quelle Seiner Herrlichkeit erlaben können! Wie wunderbar ist dieses Angebot!

Christus will uns einen neuen Ansporn geben; Er will uns stärken und uns Seine Liebe in Form Seiner *unbefleckten Herrlichkeit schenken!*

Paulus spricht im Philipperbrief 4, Vers 6 weiterhin von *Flehen mit Danksagung unserer Anliegen bedingt durch das Gebet.*

Das Gebet ist gekennzeichnet von dem *Flehen sehnsuchtsvoll umgebener Bitten der von uns gewünschten Verwirklichungen,* die wir an den Herrn verrichten. Gleichzeitig können wir die von Paulus angesprochene *Danksagung unserer Anliegen im Gebet mit der Gewissheit der Erfüllung hinzufügen.* Somit ist die Danksagung *nicht* nur eine bereits erfüllte und folglich uns zukommende Tat des Herrn, wenn unser Gebet vor Gott erhört wurde, sondern *der Glaube,* der von uns ausgeht, trägt die *absolute Gewissheit,* dass der Herr uns diese Bitte *nicht verwehren, sondern erfüllen wird.* Wenn diese von uns getätigte Bitte von Gott bestätigt wurde, so werden wir stets erkennen, dass der Herr uns *niemals* im Stich lässt.

Es sollte an dieser Stelle jedoch erwähnt werden, dass Gott uns *nur ernstgemeinte und hilfreiche Gebete, die der Herr für uns bestimmt hat, in Erfüllung gehen lässt.*

Da Gott uns immer *nur* das Beste zukommen lassen wird, können wir mit größter Zufriedenheit und gleichzeitigem Ausharren auf *Seine gnadenreiche Hilfe hoffen.*

Der Apostel spricht im ersten Satzteil des siebten Verses über *den Frieden Gottes, der allen Verstand übersteigt.*

Die von Gott bedachten, uns zur Verfügung gestellten Hilfemaßnahmen, die wir Ihm im Gebet darlegen, sind in ihrer Struktur, als auch in ihrem Wesen auf *Unfehlbarkeit,* die von Gottes weiser Absicht ausgeht, umgeben. Das Wesen Gottes, welches Paulus in Vers 7 beschreibt, ist auf den gnadenreichen und barmherzigen Charakter Gottes zurückzuführen. Es beschreibt die *Charakteristik,* welche das *„Aushängeschild, ja – die Visitenkarte“ des Höchsten prägt.* Der Friede Gottes *signiert* Seine nicht nachzuahmende Vollkommenheit. Diese von Gott *ausgehende Perfektion übersteigt,* wie sich Paulus ausdrückt, *allen Verstand.* Diese Worte sind mit unserem Wortschatz kaum zu beschreiben, denn uns fehlen in der Tat die passenden Vokabulare, um die Ausübung *der vollständigen Herrlichkeit Gottes wahrheitsgemäß, noch ansatzweise präzise preiszugeben.* Folglich ist eine weitere Auslegung der Perfektion Gottes aus menschlicher Betrachtungsweise eine unvollkommene.

Einige Beispiele aus der Heiligen Schrift geben uns folgende Worte mit auf unseren Glaubensweg:

Im Psalm 139 beschreibt David Gott als den Allwissenden und Allgegenwärtigen, doch selbst die wohlklingend niedergeschriebenen Worte des David können die Herrlichkeit des Herrn *nicht in ihrer vollkommenen Gesamtstruktur erfassen.*

Auch Hiob sprach bei seiner Demütigung und Reue, die er dem Herrn im 42.Kapitel des Buches Hiob ehrfurchtsvoll bekannte, nachdem ihm der Herr Seine Herrlichkeit und Macht dargelegt hatte, folgende Worte: *Fürwahr, ich habe geredet, was ich nicht verstehe, Dinge, die mir zu wunderbar sind und die ich nicht begreifen kann!* (Hiob 42, Vers 3b)

An dieser Stelle liegt es mir nahe, die Worte des Apostel Paulus niederzuschreiben, die er bei seiner Entrückung beschrieb. Auch wenn Paulus mit den Worten: *Ich weiß von einem Menschen in Christus* schreibt, beschreibt er dennoch sich selbst in der dritten Person.

Die besondere Beachtung sollten wir daher auf die Worte des vierten Verses legen: Ich weiß von einem Menschen in Christus, der vor 14 Jahren (ob im Leib oder ob außerhalb des Leibes, ich weiß es nicht; Gott weiß es) bis in den dritten Himmel entrückt wurde. Und ich weiß von dem betreffenden Menschen (ob im Leib oder außerhalb des Leibes, weiß ich nicht; Gott weiß es), dass er in das Paradies entrückt wurde und unaussprechliche Worte hörte, die ein Mensch nicht sagen darf (2. Korinther 12, Vers 2 – 4)

Paulus hörte im Himmel *unaussprechliche Worte*. Demzufolge waren die Worte, die der Apostel hörte *unbegreiflich, unsagbar, grenzenlos* und folglich prägten diese Worte das Wesen des allmächtigen, wunderbaren Gottes, für dessen *Beschreibung es schlichtweg keine zutreffende, menschliche, Ihm gebührende Bezeichnung gibt.*

Der Apostel führt die Aussage des Philipperbriefes, Kapitel 4, Vers 7 wie folgt fort: *Dieser Friede Gottes, der allen Verstand übersteigt* **wird eure Herzen und eure Gedanken bewahren in Christus Jesus!**

Der Friede, von dem Paulus uns berichtet, ist, wie wir bereits in Erfahrung bringen konnten, von der ausgehenden Perfektion

Gottes beseelt. Dieser von Gott ausströmende Friede wird dank des uns innewohnenden und beständigen von Jesus angekündigten *Trösters*, (Johannes 15, Vers 26 / Lutherbibel 1984) sprich – des Heiligen Geistes dafür Sorge tragen, dass unsere *Herzen und* unsere *Gedanken* in Jesus Christus *bewahrt werden*, ja – *in dem Heiland erhält die von Gott an uns ausgehende Perfektion*, die des Herrn Friedensidentität wohlwollend preisgibt, *bleibendes Fortbestehen.*

Unser Herr Jesus gibt uns sein Versprechen, ja – noch mehr, denn es ist eine *Garantiezusage*, auf die wir uns verlassen können: *Und siehe, ich bin bei euch alle Tage bis an das Ende der Weltzeit!* (Matthäus 28, Vers 20)

Gehen wir nun über zum Brief des Jakobus. Dort schreibt der Halbbruder unseres Herrn Jesus Folgendes:

Wenn es aber jemand unter euch an Weisheit mangelt, so erbitte er sie von Gott, der allen gern und ohne Vorwurf gibt, so wird sie ihm gegeben werden. Er bitte aber im Glauben und zweifle nicht; denn wer zweifelt, gleicht einer Meereswoge, die vom Wind getrieben und hin und hergeworfen wird. Ein solcher Mensch denke nicht, dass er etwas von dem Herrn empfangen wird, ein Mann mit geteiltem Herzen, unbeständig in all seinen Wegen (Jakobus 1, Vers 5 – 8)

Der fünfte Vers des 1. Kapitels des Jakobusbiefes beginnt mit einem Liebesbeweis Gottes, *der mit einer ertragreichen Versprechung gekürt werden wird, wenn sich der Mensch vor dem Herrn mit aufrichtigem Herzen an Ihn wendet.* Somit ist die Weisheit ein von Gott geschenktes Zeichen Seiner Liebe zu den Gläubigen. Denn wer unseren Herrn Jesus liebt und Ihm sein Leben anvertraut, der besitzt die Weisheit des Höchsten, *denn die Quelle der ewigen Weisheit kürt den allmächtigen Gott.*

Der Apostel Paulus schreibt: **Denen aber, die berufen sind, sowohl Juden als auch Griechen** / = wir, die Heiden / **(verkündigen wir) Christus, Gottes Kraft und Gottes Weisheit** (1.Korinther 1, Vers 24)

Die Sprüche Salomos geben Folgendes bekannt: **Wenn du um Verständnis betest und um Einsicht flehst, wenn du sie suchst wie Silber und nach ihr forschst, wie nach Schätzen, dann wirst du die Furcht des Herrn verstehen** (Sprüche 2, Vers 3 -5)

Salomo, der die Weisheit vom Herrn geschenkt bekam, konnte diese vom Geist geleiteten Worte Gottes *mit Gewissheit verfassen*, denn: **Salomo aber liebte den Herrn, sodass er in den Ordnungen seines Vaters David wandelte** (1.Könige 3, Vers 3) Weiterhin lesen wir die Bitte des Salomo vor Gott, die da lautete: **So gib du deinem Knecht doch ein verständiges Herz, dass er dein Volk zu richten versteht und unterscheiden kann, was Gut und Böse ist. Denn wer kann dieses dein großes Volk richten? Und es war dem Herrn wohlgefällig, dass Salomo um dies bat. Und Gott sprach zu ihm: Weil du um dies bittest, und nicht um langes Leben und um Reichtum und um den Tod deiner Feinde bittest, sondern um Einsicht zum Verständnis des Rechts, siehe, so habe ich nach deinen Worten gehandelt. Siehe, ich habe dir ein weises und verständiges Herz gegeben, dass deinesgleichen vor dir nicht gewesen ist und deinesgleichen auch nach dir nicht aufkommen wird. Dazu habe ich dir auch gegeben, was du nicht erbeten hast, Reichtum und Ehre, sodass deinesgleichen nicht sein soll** *unter den Königen dein ganzes Leben lang. Und wenn du in meinen Wegen wandeln wirst, dass du meine Satzungen und Gebote befolgst, wie dein Vater David gewandelt ist, so will ich dir ein langes Leben geben!* (1. Könige 3, Vers 9 – 14)

Wie wir anhand der Segnung Gottes an der Person des Salomon erkennen, ist es eine *Wohltat*, in die Sphären Gottes eintauchen zu können. Doch die Weisheit erhielt Salomo durch die Liebe zum Herrn, indem er Gott um **ein verständiges Herz** bat. Nun erhielt Salomo vom Herrn nicht nur Weisheit, sondern auch Reichtum.

Lassen wir aber den *Reichtum* einmal eher unbeachtet, denn dieser *erschwert* uns nur das Leben, *anstelle* es *zu entlasten!* (siehe die Geschichte des reichen Jünglings im Matthäusevangelium 19, Vers 16 – 24)

Wichtig hingegen ist, dass wir zur Erkenntnis der Weisheit Gottes gelangen, um die Worte der Bibel nachvollziehen zu können. Somit kommen wir wieder zum eigentlichen Thema, zum Brief des Jakobus 1, Vers 5 - 8 zurück:

Manchmal sind wir uns einfach nur zu fein und zu erhaben, um unsere eigenen Fehler einzusehen. Darüber haben wir in diesem Buch bereits schon mehrmals gesprochen. Doch diese innerliche Unwissenheit, die zweifelsohne von uns selbst ausgeht, *müssen wir mit der Einsicht der Wahrheit, die wiederum auf dem Herrn beruht, bekämpfen*, um in die Weisheit Gottes gelangen zu können. Dafür, so Jakobus, brauchen wir uns *nicht zu schämen*, denn Gott, **der allen gern und ohne Vorwurf gibt**, (Vers 5) wird die Weisheit demjenigen geben, wenn der bittende Mensch um Weisheit vor Gott bittet. Da der Herr unsere Schwächen genauestens kennt, verteilt Er die Weisheit *ohne*

Vorwurf (Vers 5). Er ist unser Schöpfer, sollten wir Ihn allen Ernstes belügen können?

Nun aber detaillieren die Verse 6 + 7 des 1. Kapitels des Jakobusbriefes die Feinheiten, die angewendet werden müssen, um in den Genuss der Weisheit Gottes zu gelangen.

Zum einen spricht Jakobus von einem *zweifelfreien Glauben* (Vers 6) Dieser zeigt sich in seinen Eigenschaften wie folgt erkenntlich:

Dieser Glaube ist: *Ehrlich, gewillt, er beabsichtigt das Gute und will sich von der Lüge, die das einstige Leben beherrschte, befreien. Es ist die Sehnsucht, die aus dem Willen des Herzens entsprießt, die diesen Willen fördert; diese Sehnsucht nach Wahrheit, - ja das Verlangen nach der Wahrheit, die einzig und allein auf dem allwissenden Gott beruht.*

Zweifler hingegen, die ein „*dahingesprochenes Gebet*" an den Herrn verrichten, so Jakobus, *gleichen einer Meereswoge, die vom Wind getrieben hin und her geworfen wird* (Vers 6) Skeptiker gleichen einer Meereswoge. Bläst der Wind nach rechts – verteilen sie die Wassermassen auf die rechte Seite des Meeres, bläst der Wind nach links – verteilt sie ihre Wassermassen zur linken Seite des Meeres. Kurzum – es herrscht ein heilloses Durcheinander, *ein völlig konzeptloses „Wirrwarr" ohne grundlegende Ordnung* ist der gänzlich trostlose Anhaltspunkt eines Zweiflers. Er kann sich *zu nichts entscheiden*, weil dieser Mensch *keinen Willen der Veränderung aufweist*. Folglich gleicht sein Gemüt einem dahinflatternden, trostlosen Fähnchen im Wind …

Ein solcher Mensch, so Jakobus, *denke nicht, dass er etwas vom Herrn empfangen wird, ein Mann mit geteiltem Herzen, unbeständig in allen seinen Wegen* (Vers 7 + 8)

Für einen Zweifler ist es somit *unmöglich, in die Weisheit Gottes zu gelangen.* Diese Menschen besitzen einen *wankenden Glauben*, der sich anhand ihres Bittens mehr als deutlich in seiner *Schwachheit erkenntlich zeigt.*

Er ist *unentschlossen, zögernd, inkonsequent* und *nicht* tragbar für das Reich Gottes. Die Bitte des Skeptikers trifft vor dem Herrn auf schonungslose Ignoranz. Ein geteiltes Herz ist, so Jakobus – dem Herrn ein Gräuel. Dieses Herz besitzt die Eigenschaft der isolierenden Einsamkeit, es ist *kühl und nicht gewillt, noch würdig*, sich der Wahrheit des Höchsten mit einem *bekennenden Jawort anzuschmiegen*, um in den Genuss Seiner Weisheit zu gelangen, daher ist es **unbeständig** (Vers 8), ja – es ist *launenhaft und vollkommen treulos in allen seinen Wegen und* daher überaus *bemitleidenswert.*

Daher können wir Gläubigen für die Zweifler nur beten und ihnen die von Salomo verfassten Worte von ganzem Herzen wünschen:

Wohl dem Menschen, der Weisheit findet, dem Menschen, der Einsicht erlangt! (Sprüche 3, Vers 13)

66

Gottes helfende Unterstützung in Prüfungen

In welcher Art und Weise uns Prüfungen das Leben erschweren, wurde in diesem Buch bereits oftmals erwähnt. Dieser Kapitelabschnitt, welchen wir wiederum anhand von drei Bibelzitaten näher in Betracht ziehen wollen, schenkt uns die wohl beste, ja – *die garantiert beste Lösung, Prüfungen,* unabhängig, welcher Art auch immer, *bestehen zu können.*

Auch anhand von diesen Bibelzitaten werden wir *eindeutig wahrnehmen,* dass die Hilfe Gottes *stets* den anzustrebenden Mittelpunkt der *Prüfungsnöte,* die wir in unserem Alltag bewältigen und – wohl oder übel bestehen wollen oder auch müssen – *mehr als nur erleichtern.*

Um zu dieser Wohltat zu gelangen, muss ein zu Gott bezogenes Verhältnis von einem jeden unter uns aufgebaut werden, welches sich *nicht nur in Notsituationen* unseres Daseins *erkenntlich zeigt,* sondern welches sich in *konstanter, sprich – bleibender Form der Liebe und der beständigen Beziehung zu Gott wohlgesinnt ausweist.* Somit werden wir *nur mit einem aus dem Herzen kommenden, ehrlichen und sehnsuchtsvollen Glauben den Erfolg erzielen,* den uns der Allmächtige anhand dieser *„Glaubensregeln"* zusagt.

Erst dann können wir Liebe, Zuneigung und die niemals endende, daraus resultierende Zuversicht mit unwiderruflicher Bestätigung auf Gott, den Herrn *mit garantiertem Erfolg erwarten.* Infolgedessen werden wir die Auswirkung der Liebe des barmherzigen Gottes in vollen Zügen mit einer geradezu auffällig *besänftigenden Linderung genießen.*

Diese weise Handhabung der Gläubigen bestätigt uns erneut, dass diese Beziehung zum Höchsten sich *immerzu* an den Suchenden *mit gnadenreicher Hilfe wendet.*

Denn wer auf die tröstende, immerwährende Zuversicht Gottes baut, der wird *niemals enttäuscht* werden, denn Gott ist die ausgehende Quelle, ja — *die Garantie der besänftigenden, gnadenreichen Liebe,* die Er *gewillt* ist, uns zu schenken, *wenn wir uns zu Seinen Worten bekennen und diese in unseren Herzen mit verlangender Leidenschaft, ja — mit einem folgsamen Drang der verwirklichenden Hoffnung auf Ihn wohlwollend preisgeben!* **Denn jeder, der bittet, empfängt,** spricht unser Herr Jesus im Matthäusevangelium 7, Vers 8.

Dies ist das herrliche, niemals vergehende Angebot, welches die verbindliche Anerkennung Gottes enthüllt. Auf dieser Basis ruht das allzeit verlässliche und besänftigende Vertrauen aller Gläubigen — denn:

Gott ist für Dich!

Nehmen auch Sie Anteil an dieser wunderbaren, unmissverständlichen Zusage des Höchsten!

Beginnen wollen wir mit den Worten des 66. Psalms, dort steht geschrieben:

Denn Gott, du hast uns geprüft, und geläutert, wie das Silber geläutert wird; du hast uns in den Turm werfen lassen,

68

du hast auf unsern Rücken eine Last gelegt; du hast Menschen über unser Haupt kommen lassen, wir sind in Feuer und Wasser geraten. Aber du hast uns herausgeführt und uns erquickt (Psalm 66, Vers 10 – 12 / Lutherbibel 1984)

Wenn wir diese Worte des Psalmisten lesen, werden wir darauf aufmerksam, dass Gott *alle* gläubigen Menschen, in diesem Falle die Israeliten – aufgrund gewollter Prüfungen heimsucht. Gott handelt generell nach Seinen weisen Entscheidungen, um Gläubige, bedingt durch die von Ihm beabsichtigten Prüfungen, *näheren Einblick in Seine Liebe zu gewährleisten.*
Die im ersten Augenblick erschütternden Nachrichten, die wir in diesen Psalmenversen auffassen, erweisen sich bei näherer Betrachtung als *hinweisend, besänftigend und als ein Zeichen des Höchsten, welches Seine Liebe zu uns mehr als deutlich preisgibt.* Wir sollen uns Ihm *hingeben*, denn Er wird uns **nicht hinausstoßen** (Johannes 6, Vers 37), sondern bewahrend aufnehmen, als ein Zeichen, ja – als *den* Liebesbeweis Seiner barmherzigen Gnade, die Er uns *wieder und wieder enthüllt.*

Gott hat uns **geprüft und geläutert**: Anhand der vom Herrn ausgehenden Prüfungen hat der allmächtige Gott uns in die Sphären Seiner weisen Wahrheit geleitet, um dass wir diese als solche *erkennen, wahrnehmen und nach diesen Kriterien unser Dasein ausrichten*, damit wir das Leben nach Seinem Willen zu Ihm bezogen, sprich – *erfolgreich tätigen können.* Die gutgemeinte Absicht Gottes hat sich unserem Leben *angenommen.* Er wird uns *helfend* Beiseite stehen! Gott hat uns **geläutert**, Er hat uns *verziert, veredelt* und anhand dieser weisen Absicht *zu verständigen, ja - zu Ihm bezogenen Menschen verwandelt*, gleich wie das Silber geläutert wird, um ein Gefäß aus diesem Edelmetall entstehen zu lassen, um in das *unabdingbare Licht der Wahrheit gelangen zu können!*

Weitere von Gott gewollte Zurechtweisungen sind in der Tat nicht einfach hinzunehmen, sondern erschweren uns zusätzlich den bereits stressigen Alltag, denn Er hat uns *in den Turm werfen lassen, auf unsern Rücken eine Last gelegt.* Er hat *Menschen über unser Haupt kommen lassen,* die über uns bestimmten, ja – teilweise sogar verfügten; auch sind wir aufgrund der Belehrungen Gottes *in Feuer und Wasser geraten…*

Aber:

Gott hat uns diese *„Lasten",* ja – nunmehr können wir diese einstigen Lasten als *„wohlwollende Hilfemaßnahmen des Höchsten"* betiteln, zukommen lassen, weil Er uns Dank Seiner barmherzigen Gnade *unterstützt und Seine niemals vergehende Liebe ist ein Teil von uns geworden;* wir mussten diese *„Zurechtweisungswege" niemals ohne den Herrn begehen,* denn Er sorgte *permanent für unser Wohlergehen,* denn Er liebt uns von ganzem Herzen!

Wir haben **das Wasser des Lebens,** welches uns der Herr Jesus **umsonst** spendete (Offenbarung 22, Vers 17), *dankbar angenommen!* Wir sind nunmehr tatkräftig bemüht, unserem Herrn Jesus ähnlich zu werden! Gleich wie das Silber geläutert wird, so hat uns auch Gott geläutert zu Seinem uns zugedachten Ziel:

Dass wir nunmehr *Kinder Seiner Obhut wurden,* ja – wir haben die von Ihm ausgehende Wahrheit in unseren Herzen mit dem Licht der ewigen Hoffnung und Liebe, welches *nimmermehr verlöschen wird, dankbar angenommen, um es* weiterhin *fortwährend leuchten zu lassen* – *Halleluja!*

Einerseits handelt es sich um Prüfungen, die der Herr uns aufträgt, um noch *detaillierter* in Seine Nähe hineinwachsen zu können; andererseits sind es jene hinterfragenden Prüfungen, die unser *Ausharren fordert*. Dies ist das unbeirrte Ausharren eines Gläubigen, der *nicht von seinem Glaubensweg abweicht, sondern an diesem unmissverständlich festhält* (erinnern wir uns an den Brief des Jakobus 1, Vers 5 – 8!), und folglich die *Prüfungen Gottes wohlwollend besteht*. Wir können diese Prüfung durchaus als einen „*Test Gottes*" bezeichnen.

Anhand dieser Kontrolle kann der Herr unseren Glauben auf den „*Prüfstand*" stellen – und genauestens erkennen, ob unser Glaube sich *als gering und kümmerlich, sprich – als abstandnehmend und entwendend* – oder *als prägend, sprich – zu Ihm bezogen ausweist*.

Sehen Sie sich doch einmal folgendes Beispiel an, und bewerten Sie es selbst:

Wenn ein kleines Kind bei Rot über die Straße läuft, wird es von Seinen Eltern *ermahnt*. Diese Ermahnung ist eine *gutgemeinte Zurechtweisung der Erziehenden*, um dem Kind klar und deutlich verständliche Erklärungen zu geben, was alles hätte geschehen können.

Die Prüfungen Gottes erweisen sich als ähnliche Liebesbeweise, welche jedoch durchaus auf *jeden einzelnen Menschen zugeschnittene, individuelle Maßregelungen beinhalten*, die Er uns in Seiner weisen Absicht wohlgesonnen vermitteln will. Gott ermahnt uns *oftmals* in unserem Leben, um uns wieder auf *die Spur der Wahrheit zu leiten*, sodass wir die *falschen, von uns eingeschlagenen Wege,* für die wir uns entschieden hatten, *verlassen,* um zum Licht der Wahrheit, welches unmissverständlich *zum Herrn leitet, zu gelangen.* Daher handelt es sich um *gutgemeinte Zurechtweisungen des Allmächtigen,* einzig und allein *nur zu unserem Wohl.*

Wir müssen jedoch diese Absicht Gottes *wahrnehmen* und die Lehre des allwissenden Gottes als solche *er – und bekennen,* um unser Leben nach Seinen weisen Richtlinien letztlich auch *begehen zu können.* Wir sind *gefordert,* Seiner barmherzigen Absicht *Folge zu leisten,* um zu diesem umwobenen Gnadengeschenk Seiner Treue und Liebe *zu gelangen.* Dazu müssen wir in *„ unser fehlerhaftes Ich" eintauchen,* um die selbstverschuldeten Bestrebungen, die wir begangen haben, *zu vertilgen.* Der Schlüssel unserer Missetaten muss *gefunden werden, damit wir* aus diesem finsteren Bereich *entfliehen können.* Diesen prägenden, allzu wichtigen Schritt können wir *nur* dann begehen, *wenn wir unserem Herrn Jesus das unsrige Leben übergeben, damit Er es fortan leitet.*

Gott gibt bei dieser Bewältigung den zu benötigten Begleiter anhand des Heiligen Geistes mit auf den Lebensweg eines Christen, sodass dieser *Tröster* (Johannes 15, Vers 26 / Lutherbibel 1984), der nunmehr in uns wohnend und zum Herrn bezogen *wirken kann,* damit unser Leben künftig *keine Entscheidungen tätigt, ohne dass Gott, der Herr darüber wacht.* Ein Christ sollte *stets* diese gewichtige Beanspruchung in seinem Dasein *nutzen,* sodass die Worte Gottes anhand der Person des Heiligen Geistes *fortwährend zum Einsatz kommen.*

Darüber sollten wir uns bewusst werden, dass wir einen *ständigen Begleiter in unserer irdischen Existenz von unserem Herrn Jesus erhalten haben. Auf diesen können, sollen und müssen wir beruhigt unser Leben aufbauen,* denn dieser wird uns *niemals verlassen!* Denn der Tröster hat folgende Tätigkeit: *Und wenn er* (Tröster / Heiliger Geist) *kommt, wird er der Welt die Augen auftun über die Sünde und über die Ge-*

rechtigkeit und über das Gericht; über die Sünde: dass sie nicht an mich glauben; über die Gerechtigkeit: dass ich zum Vater gehe und ihr mich hinfort nicht seht; über das Gericht: dass der Fürst (Teufel) *dieser Welt gerichtet ist* – spricht unser Herr Jesus Christus im Johannesevangelium, Kapitel 16, Vers 8 - 11 (Lutherbibel 1984)

Über die Sünde: Jesus war ohne Sünde – der Einzige – und somit war die Person unseres Heilands des lebendigen Gottes Sohn. *Er war und bleibt ewig wahrhaftig, ja* – *Er inkludiert die Wahrheit, Er war und ist die Wahrheit und das Leben* (Johannes 14, Vers 6). Jesus ist unser Fürsprecher vor Gott, dem Herrn und somit ist *Er der Herr über die Gerechtigkeit und über das Gericht*. Zuwiderhandlungen aller Art, welche die Sünde generell beinhaltet, sind Ihm *fremd*, ja – diese gehören unserem Heiland *nicht an*.

Folglich ist die Sünde ein allgemeingültiges, gegen Gott gerichtetes Verderbnis.

Über die Gerechtigkeit: Jesus Christus wird zu Seinem und unserem Vater im Himmel gehen, um sich zu Seiner Rechten zu setzen. Denn *alle Kriterien, die Gott besitzt, sind auch in Seinem Sohn zu finden*; denn Gott sprach: *Das ist mein lieber Sohn, den sollt ihr hören!* (Markus 9, Vers 7 / Lutherbibel 1984)

Fortan werden wir Ihn nicht mehr sehen, bis dass Er wiederkommt, zu richten die Lebenden und die Toten.

Über das Gericht: Die sündige Natur, die ihren Weg zu unserem Herrn Jesus Christus *nicht eingehen will, hat ein Bündnis mit dem Teufel geschlossen.*

Denn: **Wer aber nicht glaubt, der ist schon gerichtet, weil er nicht an den Namen des eingeborenen Sohnes geglaubt hat. Darin aber besteht das Gericht, dass das Licht in die Welt** (Jesus Christus) **gekommen ist, und die Menschen liebten die Finsternis** (die Werke des Bösen) **mehr als das Licht; denn ihre Werke waren böse** (Johannes 3, Vers 18 b + 19)

Paulus drückt es folgendermaßen aus: **Wenn jemand den Herrn Jesus Christus nicht liebt, der sei verflucht!** (1. Korinther 16, Vers 22)

Der Reformator Martin Luther hat es in dem Kirchenlied: „*Ein` feste Burg ist unser Gott*" wie folgt in einer Strophe niedergeschrieben:

Und wenn die Welt voll Teufel wär,
und wollten uns verschlingen,
so fürchten wir uns nimmermehr,
es soll uns doch gelingen;
der Feind von dieser Welt,
wie wild er sich stellt,
thut er uns doch nichts,
er scheut ja das Licht,
ein Wort das kann ihn fällen.

Denn: *Wer an ihn* (Jesus Christus) *glaubt, wird nicht gerichtet*
(Johannes 3, Vers 18 a)

Bevor wir uns an die noch folgenden zwei bereits angekündigten Bibelzitate der *Prüfungen Gottes* wenden, möchte ich
Ihnen folgendes Gedicht von Martin Luther nicht vorenthalten:

Ein Christ sollte in diesem Reim:

Ich lebe und weiß nicht wie lang,
ich muss sterben, weiß auch nicht wann,
ich fahr von dannen, weiß nicht wohin,
mich wundert, dass ich so fröhlich bin

**die letzten zwei Verse ändern
und mit fröhlichem Mund und Herzen reimen;**

**Ich fahr und weiß, Gott lob! wohin,
mich wundert, dass ich so traurig bin!**

**Halleluja, wir sind umhüllt von der ewigen Liebe des all-
mächtigen Gottes! Welch eine unablässige Freude ist es,
Christ zu sein – denn:**

Gott ist für Dich!

Richten wir unseren Blick abermals zum Brief des Apostel Paulus an die Römer. Dort können wir Folgendes in Erfahrung bringen:

Da wir nun aus Glauben gerechtfertigt sind, so haben wir Frieden mit Gott durch unseren Herrn Jesus Christus, durch den wir im Glauben auch Zugang erlangt haben zu der Gnade, in der wir stehen, und wir rühmen uns der Hoffnung auf die Herrlichkeit Gottes. Aber nicht nur das, sondern wir rühmen uns auch in den Bedrängnissen, weil wir wissen, dass die Bedrängnis standhaftes Ausharren bewirkt, das standhafte Ausharren aber Bewährung, die Bewährung aber Hoffnung; die Hoffnung aber lässt nicht zuschanden werden; denn die Liebe Gottes ist ausgegossen in unsere Herzen durch den Heiligen Geist, der uns gegeben worden ist (Römer 5, Vers 1 – 5)

Paulus legt in diesen Versen des fünften Kapitels die ganz und gar positiv zu betrachtenden Auswirkungen, die sich im Leben eines Gläubigen erkenntlich zeigen, dar. Die Gerechtigkeit, die wir durch den Glauben erlangt haben, präsentiert sich, wie wir sie aus seinem ersten Vers erfahren (und als Christ mit einem deutlich klaren, aus dem Herzen kommenden JA! beantworten können), als errettend. Die bedingt durch unseren Glauben an den Herrn Jesus Christus teilhaftig gewordenen Gerechtigkeit unterbreitet uns ein Leben in Frieden mit Gott *doch er wurde um unserer Übertretungen willen durchbohrt, wegen unserer Missetaten zerschlagen; die Strafe lag auf ihm, damit wir Frieden hätten, und durch seine Wunden sind wir geheilt worden* (Jesaja 53, Vers 5)

Das Anerkennen sowie das Aufnehmen der Worte Christi anhand unseres Glaubens führt unser Leben in die von Gott gewollte Glaubensrichtung. Die Wahrheit der Worte Gottes hat unser Leben beeinflusst. Jesus Christus hinterließ uns eine neue, *niemals versiegende Quelle der Hoffnung*, die uns in Ewigkeit zu Ihm bezogenes, lebensspendendes Wasser reichen wird, um an unserem Glauben festzuhalten, der auf der Wahrhaftigkeit des Heilands beruht. Paulus schreibt: ***Nun aber bleiben Glaube, Hoffnung, Liebe, diese drei; die größte aber von diesen ist die Liebe*** (1.Korinther 13, Vers 13)

Exakt wie Paulus seine Definition beschreibt, so hat sich auch in unserem Herzen das keimende Wachstum zur Liebe Gottes entwickelt. Wir hatten Durst und sehnliches Verlangen nach der Wahrheit, der mit unserem Glauben die Früchte der Hoffnung säte. Die Hoffnung des Glaubens jedoch wurde von Jesus bestätigt und leitet uns in das Endresultat:

Die Liebe reifte, dank der uns zugesprochenen Gnade Gottes zur vollendeten Frucht. Jesus hat uns das Wasser des Lebens anhand unseres Glaubens gespendet. ***Und wer da dürstet, der komme; und wer da will, der nehme das Wasser des Lebens umsonst!*** (Offenbarung 22, Vers 17)

Gott der Herr hat unser Leben gesegnet und mit einem neuen Zielpunkt beschenkt, der gleichzeitig auch den Endpunkt Seiner vollkommenen Liebe zu den Menschen markiert:

Mit Gottes Sohn Jesus Christus stehen wir nunmehr nicht mehr auf einem unzuverlässigen, gebrechlichem Boden, sondern dieser Boden besitzt einen festen, alles errettenden Untergrund, *der niemals zerbricht* (Matthäus 7, Vers 24 – 27)

Dieser unerschütterliche Untergrund ist es, so Paulus, der unser Leben anhand unseres Glaubens durch die Pforten des Himmels lenkt.

Glückselig sind, die seine Gebote tun, damit sie Anrecht haben an dem Baum des Lebens (Jesus) ***und durch die Tore*** (Pforten) ***in die Stadt*** (Himmelreich) ***eingehen können*** (Offenbarung 22, Vers 14)

Die Gnade Gottes hat sich im Leben des Gläubigen offenbart, denn Jesus Christus , dem wir alle diese Werke zu verdanken haben, hat uns vor *dem Fürst dieser Welt* (= der Teufel / Johannes 12, Vers 31) bewahrt, indem Jesus Christus dem Teufel auf Golgatha *den Kopf zertreten* hat (1.Mose 3, Vers 15) Das von Gott seit dem Beginn der Welt geplante Vorhaben hat sich verwirklicht:

Der Heiland hat dem Leibwächter des verruchten Unheils die *Macht genommen und diesen üblen Hüter der Verdammung mit einer auf Ewigkeit bestehenden Verstummung geschlagen.* Der Zugang zum Himmelreich *wurde nur durch Jesus Christus geebnet.* Wir können uns getrost freuen und rühmen, denn nun spricht Paulus Folgendes:

Freut euch im Herrn allezeit, abermals sage ich: Freut euch! (Philipper 4, Vers 4), denn Christus hat unser Leben vereinnahmt! Wir befinden uns auf dem besten Weg, mit unserem Glauben den zum Herrn führenden Weg eingeschlagen zu haben.

Der Apostel weist uns im dritten Vers darauf hin, dass die Vereinnahmung des Glaubens durchaus auch mit negativen Belastungen begangen werden muss. Glaube erfordert Standhaftigkeit. Diese Standhaftigkeit verleiht dem Gläubigen wiederum *standhaftes Ausharren* (Vers 3), die der Glaube an Gott aufweist. Im ersten Petrusbrief können wir Folgendes lesen:

Glückselig seid ihr, wenn ihr geschmäht werdet um des Namens des Christus willen! Denn der Geist der Herrlichkeit, (der Geist) Gottes ruht auf euch; bei ihnen (den Gegnern Gottes) *ist er verlästert, bei euch* (den Gläubigen) *aber verherrlicht* (1.Petrus 4, Vers 14)

Die Kraft, die uns zu dieser Bewährung veranlasst, besitzt die Unterstützung des Herrn und ermöglicht uns somit *standhaftes*

Ausharren (Römer 5, Vers 3). *Gott aber ist treu* (1.Korinther 10, Vers 13) und beweist zugleich, dass der Herr Anteilnahme an unserem Ihm zugeneigten Leben hat. Er lässt uns *niemals im Stich*, sondern der Herr führt Seine Kinder stets vom Dunkeln in das Licht der Hoffnung. Paulus schreibt:

Denn obgleich wir im Fleisch wandeln, so kämpfen wir doch nicht nach Art des Fleisches, denn die Waffen unseres Kampfes sind nicht fleischlich, sondern mächtig durch Gott zur Zerstörung von Festungen (2.Korinther 10, Vers 3 + 4)

Paulus bringt seine soeben erwähnte Aussage im zweiten Korintherbrief auf den Punkt. Nicht der Mensch entwickelt aus eigener Kraft den Widerstand gegen diese Anfechtungen, sondern Gott wirkt in diesem Menschen, sodass er mit Gottes barmherziger Hilfe fähig ist, diesen Widerstand zu bestreiten, um ihn folglich bestehen zu können. Mit der Gerechtigkeit, die unseren Glauben durch die Gnade Gottes zu diesem Wohlgefühl leitet, ist somit Gott der wohltuende Erbarmer in der Betroffenheit dieses Menschen. Gott, der uns in unserer irdischen Existenz so vortrefflich unterstützt, wird uns auch weiterhin zur Seite stehen, sodass wir guter Hoffnung sind, in Sein Reich gelangen zu können. Paulus schreibt:

... wegen eurer Gemeinschaft am Evangelium vom ersten Tag bis jetzt, weil ich davon überzeugt bin, dass der (Gott), welcher in euch ein gutes Werk angefangen hat, es auch vollenden wird bis auf den Tag Jesu Christi (Philipper 1, Vers 5 + 6)

Diese Wirkung wurde durch den Heiligen Geist in unserem Inneren verwirklicht. Die Wiedergeburt sorgt für diese unnachahmliche, vom Herrn hervorgebrachte Wohltat. Dieses grandiose Gnadengeschenk Gottes lässt den Gläubigen nun Folgendes klar und deutlich erkennen:

Durch die Ausgießung des Heiligen Geistes, der einen Liebesbeweis Gottes dem Beschenkten offenbart, wird das Herz dieses Empfängers durch Gottes Gnade vereinnahmt. Nun hat eine wahrlich ausschlaggebende Veränderung stattgefunden. Diese bewirkt, dass der Glaube und die Annahme durch die Liebe Gottes diesen Menschen dazu bewegt, dass der angestrebte Bestimmungsort Himmelreich keinesfalls nur eine schemenhaft zu betrachtende Struktur besitzt, sondern mit der Gnade Gottes widerspruchslos in die Realität verwirklicht werden kann.

(Diese Textauslegung des Römerbriefes, Kapitel 5, Verse 1 – 5, Seiten 107 – 110, wurde aus meinem bereits veröffentlichtem Buch: Der Römerbrief, ebenfalls im BoD – Verlag erschienen, abermals übernommen)

Wenden wir uns noch ein weiteres Mal dem Jakobusbrief zu. Die nun folgenden drei Bibelverse geben uns erneut eine bedeutende Anschauungsweise bekannt, inwiefern sich die Prüfungen Gottes an den Gläubigen entgegenkommend erkenntlich zeigen: Jakobus schreibt:

Meine Brüder, achtet es für lauter Freude, wenn ihr in mancherlei Anfechtung geratet, da ihr ja wisst, dass die Bewährung eures Glaubens standhaftes Ausharren bewirkt. Das standhafte Ausharren aber soll ein vollkommenes Werk haben, damit ihr vollkommen und vollständig seid und es euch an nichts mangelt (Jakobus 1, Verse 2 – 4)

Jakobus beginnt mit einer freudigen Botschaft, zu der wir uns, anhand des uns angelasteten, fehlerhaften Lebensstils *bekennen müssen*, denn diese weist uns unmissverständlich auf unsere begangenen Sünden hin. Die im ersten Augenblick auf uns zukommende *Anfechtung*, in die wir **geraten** und die wir demzufolge zu bestehen haben, indem wir ihr *Paroli bieten müssen*, lässt uns zunächst noch keine Freudenbotschaft erwarten, denn Prüfungen und Versuchungen erschweren uns das Leben, anstelle es zu entlasten...

Doch zunächst einmal beginnt der Halbbruder unseres Herrn Jesus Christus den zweiten Vers mit: *meine Brüder*. Mit dieser Aussage betont er die Glaubensgemeinschaft, *die mit ihm gemeinsam den Glauben an den Herrn Jesus Christus bestätigend bekundet*. Jakobus spricht die gläubige Familie Gottes an, dies beweist zugleich, dass er die eigen erlebten Versuchungen Gottes anhand seiner Person genauestens kennenlernen konnte. Gleichzeitig weist er uns darauf hin, dass wir diesen Anfechtungen frohen Mutes entgegenblicken sollen. Mit dieser Aussage bezieht er sich *nicht nur* auf die bereits veröffentlichten Briefe der anderen Apostel (in diesem Fall auf den bereits von mir behandelten Kapitelabschnitt des soeben erwähnten Römerbriefes des Apostel Paulus, Kapitel 5, Vers 3) – *sondern auch auf die uns permanent zur Verfügung stehende Hilfe des „Trinitätsteil" Gottes, des Heiligen Geistes, auf den wir unseren ganzen Glauben voll und ganz frohen Gewissens setzen können.*

Nun geht Jakobus zu der Erklärung über, die wir anhand des vierten Verses in Erfahrung bringen können: Gott will uns mit den durchaus beabsichtigten Maßnahmen der Prüfungen zu *einer beständigen, durchdachten und zu Ihm bezogenen Person formen*. Der Allmächtige *will nicht*, dass wir weiterhin ein Leben, welches von Dunkelheit und Einsamkeit geprägt ist, sprich: dass wir ein Leben ohne Seine Anwesenheit tätigen, sondern Gott will, *das wir ein zu Ihm bezogenes Leben anhand der von Ihm verteilten Prüfungen, die wir aufnehmen, verarbei-*

ten und in unserem Dasein gewinnbringend, sprich – zu Gott bezogen verwenden sollen und daher gewinnfördernd entfalten.

Diese Liebeshinweise zu uns, denn als solche können wir diese **Anfechtungen** betrachten, geben den Gläubigen Aufschluss und gleichzeitige Erkenntnis der barmherzigen Gnade des Höchsten. Dies ist der uns stets zur bekennenden Einsicht rufende *„Ermahnungsschall" im Inneren unseres Herzens*, der uns gemeinsam mit dem Heiligen Geist zur Umkehr der Wahrheit aufruft, die wiederum *einzig und allein bei Gott, dem Herrn zu finden ist*. Wir sind nunmehr in der Lage, anhand dieses Trösters *unsere eigen verursachten Fehler mit dem Bekenntnis der Buße im Gebet zu vertilgen*. Der **Tröster** (Johannes 15, Vers 26 / Lutherbibel 1984) ist der permanent in uns wirkende *„Dreifaltigkeitsteil" des allmächtigen Gottes*, der uns wieder und wieder zu Ermahnung aufruft, das Leben nach den *Richtlinien des Höchsten zu begehen.*

Der Heilige Geist sorgt in unserem Dasein für die *kontinuierliche Erinnerung, dass Gott uns niemals verlässt, sondern dass der Anhaltspunkt des christlichen Lebens mit Beständigkeit in uns ruht, uns auf unsere Fehler aufmerksam macht, um diese mit dem Geist der Wahrheit mehr und mehr anhand des Gebets der Vergebung auszulöschen.* Mit dieser weisen Absicht Gottes *wachsen wir nunmehr jeden erneuten Tag in unserem Leben näher zu der Wahrheit Jesu Christi*, der Beabsichtigung Gottes, die Er in der Person Seines Sohnes für uns seit dem Beginn der Welt bereithält, denn: ***Ihn** (Jesus Christus) **verkündigen wir, indem wir jeden Menschen ermahnen und jeden Menschen lehren in aller Weisheit, um jeden Menschen vollkommen in Christus Jesus darzustellen***, schreibt der Apostel Paulus in dem Brief an die Kolosser 1, Vers 28.

Wir geben unsere von Gott gegebene Weisheit an andere Personen weiter, sodass auch sie in den Genuss der Liebe Gottes gelangen. Dies ist die Aufforderung unseres Herrn Jesus Christus, die er allen Christen preisgibt: *So geht nun hin und macht zu Jüngern alle Völker, und tauft sie auf den Namen des Vaters und des Sohnes und des Heiligen Geistes und lehrt sie alles halten, was ich euch befohlen habe* (Matthäus 28, Vers 19 + 20 a)

Die Aufforderung unseres Heilands bestätigt erneut, dass *alle* Menschen in den Genuss der Gottesliebe gelangen sollen und diejenigen Menschen, welche die Weisheit Gottes besitzen, dazu *aufgefordert werden, ihr zu Gott bezogenes Leben anderen noch nicht Bekehrten mit den Worten des Evangeliums zu hinterlassen, sodass auch in den noch Suchenden sich die Liebe des Herrn wohlwollend entfalten kann.*

Dies ist die Mitteilung, die uns der Halbbruder unseres Herrn Jesus Christus *bewusst machen will*. Verzweiflung oder Aufgabe anhand der von Gott gewollten Prüfungen beabsichtigen nur ein für uns zu Ihm bezogenes Leben, damit wir Seine Herrlichkeit, die Gott uns anhand des Heiligen Geistes schenkt, *vollkommen und vollständig* wahrnehmen können.

Gott will uns die Schranke Seiner Liebe zu uns *vollständig öffnen, damit wir anhand dieses Liebesbeweises Seine konsistente Wahrheit, die Er uns zukommen lässt, in unsere Herzen, dem Zentralpunkt der Weiterleitung erfahren.* Mit diesem gnadenbringenden Geschenk hinterlässt uns der Herr folgende Beabsichtigung:

Es soll uns *an nichts von Seiner Weisheit fehlen (mangeln)* – ganz im Gegenteil: *Gott stellt uns Seine vollständige Liebe zur*

Verfügung, die wir mit Hilfe des Heiligen Geistes voll und ganz auskosten können. Denn dieser „*hilfebringende Leiter*" sorgt für die zu benötigende Glaubenserkenntnis eines jeden einzelnen Christen, welches die Aufnahme und das erforderliche Verständnis der Heiligen Schrift in unsere Herzen bedeutet.

Diese auf jeden Einzelnen zugeschnittene, individuelle Hilfe weist uns beständig auf die Herrlichkeit Gottes hin, einerseits auf die notwendigen Prüfungen, die Er uns wohlwollend auferlegt – andererseits zeigt sich somit die Zuneigung Gottes als *prägendes Kennzeichen Seiner wunderbaren Identität*, denn diese zeichnet *Seine unantastbare Makellosigkeit aus*, auf die *jeder einzelne Gläubige uneingeschränkten Zugriff hat*, denn –

Gott ist für Dich!

Gottes Begleitung in Einsamkeit

Die Einsamkeit ist eine Art der menschlichen Verlassenheit. Diese kann sich anhand mehrerer Kategorien erkenntlich zeigen. Um aus der Einsamkeit entfliehen zu können, benötigen wir Vertrauen. Oftmals aber werden wir gerade aus den verschiedensten Gründen von Freunden oder Bekannten verlassen, obwohl wir keinerlei Eigenverschulden an unserer Person oder gar an unserem Verhaltenskonzept gegenüber ihnen entdecken können. Diese Feststellung treibt uns noch tiefer in die Sphären der Verlassenheit, anstelle dass dieser Fauxpas mit Hilfe anderer Menschen – auch nur ansatzweise gemildert wird.

Da aber die Hilfe Gottes *den* Menschen immer am nächsten ist, die in Notsituationen ihr Leben in Abgeschiedenheit bestreiten und *Ihn aufsuchen*, ist es stets ratsam, die Hilfe des allmächtigen Gottes in Anspruch zu nehmen, denn:

Alle Sorgen werft auf ihn; (Jesus) *denn er sorgt für euch* (1.Petrus 5, Vers 7)

Die Aussage des Apostel Petrus lässt reichliche Freude in unsere Herzen strömen. Mit dieser Feststellung schenkt uns der Gesandte Gottes ein *unermüdliches, ja – zur Entschlossenheit aufgerufenes Signal der niemals verzagenden Hilfe auf!* Jesus Christus können wir *in all unseren Bedrängnissen um Hilfe bitten.* Wir können uns *jederzeit* mit unserem Gebet *an Ihn wenden. Er weist uns niemals ab, denn wer zu Ihm kommt, den wird Er **nicht hinausstoßen*** (Johannes 6, Vers 37)

Hier wird der mehr als eklatante Unterschied zwischen menschlicher und göttlicher Hilfe allzu deutlich erkennbar. Aus menschlicher Betrachtungsweise sieht es folgendermaßen aus:

Wenn wir bei unseren Freunden oder Bekannten um Rat und Hilfe bitten, so können wir, dessen bin ich mir sicher, oftmals von ihnen hören:

„Im Moment habe ich keine Zeit, ich muss noch dringend..."
– oder:
„Ich habe gerade jetzt mit meinen eigenen Problemen mehr als genug zu kämpfen, deine kann ich nicht auch noch gebrauchen..."

Anhand dieses Beispiels können wir bemerken, dass die Hilfe von Freunden oder Bekannten unsere Nöte, Sorgen und unsere Einsamkeit *nur bedingt, wenn überhaupt besänftigen kann*. Wir leben in einer von Stress belasteten Zeitperiode, deren Sprichwort durchaus lauten könnte:

„Mitleid wäge nie zu finden, jeder ist sich beschäftigt!"

Es ist sehr traurig und bemitleidenswert, dass die Welt mit einer derartigen Abstufung ihren Nächsten ohne die notwendige Verteilung der Nächstenliebe einfach links liegen lässt. Beachtung wird ignoriert. Man vermisst diesen Bezug zum Zuhören – selbst dieser gewichtige Teil der Höflichkeit ist heute nur noch äußerst selten zu finden, geschweige denn zu erwarten. Eine mehr als nur trostlose Bilanz. Daher ist es keinesfalls verwunderlich, dass mehr und mehr Menschen in Einsamkeit verfallen, weil diese erkannt haben, dass das Zuwenden an andere ihnen nunmehr das Leben noch mehr erschwert, anstelle es mit deren zugewandten Hilfeleistungen zu entlasten.

Die Einsamkeit ist sehr vielschichtig in ihrer Entstehung. Reichhaltige Erkenntnisse können wir anhand von unterschiedlichsten Gründen, welche die Lebenssituationen der Einsamkeit prägen, von den Leidtragenden in Erfahrung bringen. Den Betroffenen *fehlt die notwendige Zuwendung, um dieses kraftraubende Problem zu verbessern oder gar gänzlich zu beseitigen.*

„Nun ist guter Rat teuer", wie man so schön sagt. Doch bisher konnte der Betroffene wiederholt erkennen, dass er sich an eine andere Stelle wenden muss, um diese notwendige und dringende Hilfe, die er benötigt letztlich erhalten zu können…

Betrachten wir nunmehr die Hilfe, die Gott für uns bereithält, so werden wir den herausragenden, hilfebringenden Unterschied wie folgt bemerken:

Wenn Menschen in Einsamkeit die „abtrünnige Hilfe der sogenannten Freunde und Bekannten" kennenlernen durften, welche sich „erfahrungsgemäß mehr als nur dürftig präsentierten", *ist es sehr ratsam – und daher mehr als notwendig, mittels tatkräftiger Hilfsmaßnahmen aus diesen belastenden und kräftezehrenden Lebenssituationen zu entfliehen.*

Da ist jemand, der will diesen Betroffenen Seine Hilfe anbieten. Dieser Hilfebringende klopft sogar an die Tür der vereinsamten Herzen an: *Es klopft, ja – wiederum klopft Er an die Türe dieser verlassenen Herzen!* (Offenbarung 3, Vers 20a)

Wer kann dieser „Jemand" sein? Der Sohn Gottes, Jesus Christus, ist *nicht gekommen, um sich dienen zu lassen, sondern um zu dienen* (Markus 10, Vers 45)

Ja, Er ist es, der wieder und wieder anklopft – Jesus Christus bittet um Einlass!

Nun ist der Betroffene *gefordert,* denn nunmehr wird die Entscheidung, ob er diese Türe dem Heiland öffnen wird, von ausschlaggebender Brisanz sein. Öffnet er sie *nicht,* so wird sein Leben weiterhin trostloser Leere und Abgeschiedenheit ausgesetzt sein.

Öffnet der Betroffene jedoch diese Türe, so wird nun Folgendes geschehen:

Wenn jemand diese Stimme hört, und die Tür öffnet, so werde ich (Jesus Christus) *zu ihm hineingehen und das Mahl* (Abendmahl) *mit ihm essen und er mit mir* (Offenbarung 3, Vers 20b)

Nunmehr hat der Glanz und die Herrlichkeit Christi das einst verdunkelte Herz dieses Menschen mit dem Licht der vom Heiland ausgehenden Wahrheit erhellt. Der Betroffene war *gewillt, sich zu dieser unabdingbaren Wahrheit zu bekennen – diese beruht einzig und allein auf unserem Herrn Jesus Christus.* Wer zu Ihm kommt, der hat Ihm sein Leben *übergeben. Fortan ist dieses einst verlassene, auf sich allein gestellte Dasein in den Händen des allmächtigen Gottes. Der Suchende hat seinen Glauben an Jesus Christus mit dieser gewichtigen, alles entscheidenden Türöffnung bestätigt. Er hat mit dieser Entscheidung den Glauben an den Heiland bekundet und der Herr Jesus hält nunmehr mit ihm zusammen das Abendmahl.*

Dies ist der alles entscheidende Punkt zur Umkehr:

Ab diesem Zeitpunkt wird das Leben dieses Suchenden *nimmermehr auf sich allein gestellt sein, sondern die Liebe Gottes wird sich* im Dasein dieses Menschen *mehr als nur prägend erkenntlich zeigen.* Alle Bedrängnisse, die unser Leben erschweren, sollen wir *getrost* dem Herrn Jesus im Gebet bekennen.

Er kennt all unsere Sorgen und der Heiland wird *diese Belastungen von uns nehmen,* sodass wir ferner die Existenz Seiner Hilfe anhand von Erleichterungen *spürbar wahrnehmen können.*

Es ist daher eine *vortreffliche – und die garantiert beste Entscheidung, das eigene Leben dem Herrn Jesus zu übergeben,* damit Er es fortan leitet. Wir sind nun nicht mehr angewiesen auf die allenfalls zögernden Hilfsmaßnahmen anderer Menschen, sondern wir können uns auf das Versprechen, ja – mehr noch, denn es ist eine *Zusage,* die der Heiland uns preisgibt, mit einer *hundertprozentig eintreffenden Zusage verlassen:*

Siehe, ich bin bei euch alle Tage bis an der Welt Ende
(Matthäus 28, Vers 20)

Gehen wir nun weiter zu den Worten des 68.Psalms, Vers 6 + 7. Dort schreibt der Psalmist David folgende Worte:

Ein Vater der Waisen, ein Anwalt der Witwen ist Gott, der in seinem Heiligtum wohnt; ein Gott, der Vereinsamten ein Heim gibt, der Gefangene hinausführt ins Glück; aber die Widerspenstigen wohnen in dürrem Land

Anhand der gewählten Worte des Psalmisten David können wir die Fürsorge Gottes derjenigen Menschen näher kennenlernen, für die das Wort Einsamkeit nicht weiterhin ein verlorenes Dasein in Abgeschiedenheit bedeutet, sondern dass Gott diesen Menschen *Seine gnadenreiche Hilfe anbietet.*

Obwohl der Herr in Seinem heiligen Gotteshaus thront, gedenkt Er mit *väterlicher Fürsorge* an die Waisen. Sie sind *nicht* von Ihm *in Vergessenheit geraten,* sondern Gott sorgt sich anhand Seiner *perfekt ausgelegten Vatereigenschaften* um diese in Einsamkeit gelangten Personen, um sie weiterhin mit *all Seiner Liebe zu versorgen,* welche sich stets anhand Seiner ummantelnden Barmherzigkeit erkenntlich zeigt. *Der Herr wird ihnen ein ertragreiches, zu Ihm bezogenes Leben schenken, sodass die Hoffnung der einsamen Herzen erneut konstante Lebensfreude schöpfen kann.* Diese Menschen sind *nicht* vom Herrn *verlassen,* sondern sie *sind dem Herrn überaus wichtig.* Die Liebe Gottes erbarmt sich ihner, damit weist Er abermals auf Seinen fürsorglichen und zugleich unnachahmlichen, uns liebenden Charakter hin.

Diese Charaktereigenschaften Gottes sind von solch immensen, ertragreichen Beziehungen beseelt, die sich nicht inniger präsentieren können:

Eine Beziehung zu Gott ist demzufolge die vertrauteste aller Beziehungen. Gott kennt uns. Er liebt uns mit all unseren Fehlern, jedoch kann Er sich auf jeden Einzelnen anhand Seiner Weisheit mit der Perfektion, die Seine Allmacht aufweist, auf solch eine innige Art beziehen, dass keine andere Verbundenheit mit der Bindung Gottes auch nur ansatzweise zu vergleichen ist. Er allein kennt unsere Gegenwart, unsere Vergangenheit und unsere Zukunft. Niemand außer Ihm besitzt diese Vollkommenheit. Aus diesem Grund ist die Beziehung zum Herrn absolut einzigartig, sowohl in ihrem Charakter, als auch in ihrer Ausübung. Es lohnt sich, ja – es erweist sich als unumstößlich, an diesem gewichtigen Bündnis festzuhalten, ja –

dieser Verbundenheit mit allem Willen nachzujagen, um dieses Zusammengehörigkeitsgefühl mit beständiger Unnachgiebigkeit in dessen Ausbau zu vertiefen. Daher ist der Glaube und das bekennende Gebet zum Herrn von immenser Wichtigkeit, um diese alles errettende Beziehung tagtäglich erneut zu fördern.

Wenn wir diese innere Einstellung, ja – Feststellung in unserem Herzen verankert haben, so werden wir uns niemals verlassen, sondern für alle Zeit geborgen fühlen.

Eine Beziehung zu Gott ist die ertragreichste, einfühlsamste, liebevollste und die einzig errettende Geborgenheit, die wir, Dank Seiner Gnade in unserem Dasein mit Hilfe unseres Glaubens erfahren werden!

*Und wenn unser Abschied in dieser Welt naht, so können wir uns nunmehr darüber bewusst sein, dass dieser Abschied uns eine neue, perfekt für uns Gläubige zugeschnittene Perspektive gewährt, die aussichtsreicher nicht sein kann. Dort, wo uns der Herr nun hinleiten wird, da gibt es keinen Kummer, noch Sorge, noch Leid, denn an dieser **Stätte**, die uns der Heiland Jesus Christus herrichten wird* (Johannes 14, Vers 2), *dort wird ewige Zufriedenheit und Liebe beheimatet sein. An diesem neuen Ort wird uns Gott **alle Tränen von unseren Augen abwischen, und der Tod wird nicht mehr sein, weder Leid, noch Geschrei, noch Schmerz** (Offenbarung 21, Vers 4) Denn Jesus Christus wird uns **nicht als Waisen zurücklassen – Er wird zu uns kommen!** (Johannes 14, Vers 18)*

Mit dem Tod wird das Leben eines Gläubigen erst in die Anfangsphase der nunmehr sichtbaren Gegenwärtigkeit Christi gelangen. Unser irdischer Besuch beinhaltet nur einen kleinen, äußerst geringen Lebensabschnitt, verglichen mit dem Beginn der Ewigkeit, welche uns bei dem Herrn Jesus Christus erwartet – im Reich der Himmel!

Mittels unseres unbeirrbaren Glaubens gelangen wir nunmehr zu einer Feststellung: Im Himmelreich ist die vollkommene Gerechtigkeit, die einzig und allein auf der Dreifaltigkeit Gottes beruht, beheimatet! Dieses angestrebte Ziel wird von dem Glauben eines jeden Christen mit unerschütterlicher Hoffnung Tag für Tag mittels der Unterstützung des Heiligen Geistes genährt! Dieser vom Herrn in unsere Herzen eingepflanzte Ernährer (Heiliger Geist) ist es, der uns wieder und wieder bestätigt: Glauben heißt wissen!

Weiterhin benennt David den Herrn als einen *Anwalt der Witwen*. Gott schenkt den Witwen Seinen *fürsorglichen Beistand*, der die identischen, soeben genannten Hilfsmaßnahmen aller Waisen und Bedürftigen *aufweist*. Denn Gott *wohnt* bei dem, *der zerschlagenen und gedemütigten Geistes ist, damit Gott den Geist der Gedemütigten belebe und das Herz der Zerschlagenen erquicke* (Jesaja 57, Vers 15 b)

Aufgrund Seiner gnadenreichen Hilfe schenkt der Herr den *Vereinsamten ein Heim*, sprich – *eine zu Ihm bezogene Stätte und eine Unterkunft*, in welcher sich Seine besänftigende Nähe den Vereinsamten wohlwollend offenbart. Gott ist Teilhaber am Leben dieser Bedürftigen. Der Allmächtige schenkt diesen Menschen Seine Allgegenwärtigkeit in Form des Heiligen Geistes. Mit dieser kraftspendenden Maßnahme verhilft der Herr den *Gefangenen hinaus ins Glück*. Er schenkt dem Gefangenen Freiheit in dessen *Kerker* (Jesaja 61, Vers 1) Das Vertrauen des Gefangenen anhand des Glaubens hat sich dank der barmherzigen Zuneigung Gottes an diesem „*einstigen Häftling*" *positiv erkenntlich gezeigt.* Der Erhabene hat den „*ehemalig Inhaftierten*" *aus dem Sog der Trostlosigkeit zur Freiheit verholfen.* Das Herz dieses Betroffenen hat sich der Wahrheit Gottes würdigend angenommen und reift nunmehr – Dank der aus Eigeninitiative übernommenen Entscheidung und der Zustimmung des Herrn tagtäglich näher zu der Erkenntnis Gottes, unserem Heil.

Jedoch wird der Widerspenstige, der den *Unglauben* am Herrn *preisgibt, niemals* in eine solche Gnadensituation des Herrn *gelangen,* wie ein zu Gott bezogener Mensch. Dieser widerspenstige Mensch wird sich aufgrund seines *zweifelnden Misstrauens mit **dürrem Land** zufrieden geben müssen.* Ein Zweifler kann nur von Gott in isolierende Abgeschnittenheit gelangen; an einem Ort, wo ihm *keinerlei ertragreiche Hilfsoptionen in Form von unterstützenden Maßnahmen helfend beiseite stehen werden.* Er bindet sich aufgrund seines eigen verschuldeten Unglaubens in eine *unbesiedelte, bemitleidenswerte Ära der Abgeschiedenheit.* Seine fortwährende Zukunft wird ihm *keine* ertragreichen Früchte bescheren, an denen er sich erfreuen und laben kann. Ganz im Gegenteil: *Ein widerspenstiger, zweifelnder Mensch **denke nicht, dass er etwas vom Herrn empfangen wird*** (Jakobus 1, Vers 7)

Kurzum: Dieses Leben ist ein ertragloses, eigenverschuldetes Ergebnis des zweifelhaften Glaubens. Wenn Gott, der Herr *keine Teilnahme am Leben eines ungläubigen Menschen bekundet, so ist die Nichtbeachtung des Höchsten das Ergebnis Seiner fortwährenden Abneigung.*

Es existiert wohl kein größeres Leid, als in das sich der Mensch selbstverschuldet hineinmanövriert. *Denn wo kein Glaube besteht, da ist auch die Zuneigung Gottes nicht auffindbar!*

Die hilfreichen Maßnahmen Gottes durch das Gebet

Das Gebet ist nach dem Glauben, den wir an Gott bekunden, der *wichtigste Bezugspunkt zum Herrn.* Der Glaube, der in unserem Herzen durch die Kraft des Heiligen Geistes beheimatet – und folglich verwurzelt ist, ist der gewichtigste Ausgangspunkt, um den Inhalt der Bibel mit folgenden, deutlichen, aus dem Herzen kommenden Worten zu begegnen; dem Glaubensbekenntnis der Christen, welches wie folgt lautet:

Ich glaube an Gott, den Vater,
den Allmächtigen,
den Schöpfer des Himmels und der Erde,

und an Jesus Christus,
seinen eingeborenen Sohn, unsern Herrn,
empfangen durch den Heiligen Geist,
geboren von der Jungfrau Maria,
gelitten unter Pontius Pilatus,
gekreuzigt, gestorben und begraben,
hinabgestiegen in das Reich des Todes,
am dritten Tage auferstanden von den Toten,
aufgefahren in den Himmel;
er sitzt zur Rechten Gottes,
des allmächtigen Vaters;
von dort wird er kommen,
zu richten die Lebenden und die Toten.

Ich glaube an den Heiligen Geist,
die heilige, allgemeine christliche Kirche,
Gemeinschaft der Heiligen,
Vergebung der Sünden,
Auferstehung der Toten
und das ewige Leben

Das am meist verbreitete, bekannteste und in jeder Kirche
gesprochene Gebet, welches uns der Herr Jesus Christus lehrte,
ist Folgendes:

Vater unser im Himmel!
Geheiligt werde dein Name,
dein Reich komme,
dein Wille geschehe,
wie im Himmel,
so auch auf Erden.

Unser täglich Brot gib uns heute,
und vergib uns unsere Schuld,
wie auch wir vergeben unsern Schuldigern.

Und führe uns nicht in Versuchung,
sondern erlöse uns von dem Bösen.
Denn dein ist das Reich und die Kraft und die Herrlichkeit
in Ewigkeit

Amen

Somit ist das Gebet ein persönlich auf *jeden einzelnen Gläubigen bezogenes Kommunikationsmittel zwischen dem Betenden und Gott, dem Herrn.* Es existiert *keine persönlichere und innigere Beziehung, als im Gebet mit Gott zu kommunizieren.*

Das Gebet der Gläubigen weist gleichzeitig darauf hin, dass wir *vollstes Vertrauen*, welches wir dem Herrn bekunden, an Gott richten, indem wir Ihm alle unsere Anliegen, Fragen, Sorgen, Nöte, Ängste – kurzum alles, um was wir Ihn bitten wollen, können und sollen wir dem Herrn getrost im Gebet mitteilen. Gott weiß zwar unsere Anliegen, noch bevor wir die Hände falten und Ihm diese im Gebet mitteilen, jedoch entspricht es dem Willen Gottes, wenn wir Ihm unsere Anliegen im Gebet anhand unseres innigen Vertrauens mitteilen.

Diese einfühlende Zuwendung ist es letztlich, die unser *vollstes Vertrauen auf den Herrn* richtet, denn die vollkommene Wahrheit beruht einzig und allein auf Gott, denn **Gott kann nicht lügen** (Hebräer 6, Vers 18) *Infolgedessen bitten wir durch die unwiderlegliche Kraft – und folglich mit dem auf der Wahrheit beruhendem Wissen des Heiligen Geistes, der in unseren Herzen wohnt.*

Mit dieser Erkenntnis können wir nunmehr behaupten, dass das Gebet *„die alles in allem signierende, Gott zugewendete Ehrerbietung darstellt"*, die wir dem Herrn anhand unseres unerschütterlichen Glaubens mit vollständig umfassenden Worten, die an Ihn gerichtet sind, bekunden. Gott der Herr spricht:

Sondern so hoch der Himmel über der Erde ist, so viel höher sind meine Wege als eure Wege und meine Gedanken als eure Gedanken. Denn gleichwie der Regen und der Schnee vom Himmel fällt und nicht wieder dahin zurückkehrt, bis er die Erde getränkt und befruchtet und zum Grünen gebracht hat und dem Sämann Samen gegeben hat und Brot dem, der isst – genauso soll auch mein Wort sein, das aus meinem Mund hervorgeht: Es wird nicht leer zu mir zurückkehren, sondern es wird ausrichten, was mir gefällt, und durchführen, wozu ich es gesandt habe! (Jesaja 55, Vers 9 – 11)

Wenn wir die Worte Gottes, die Er uns im Buch des Propheten Jesaja mitteilt, näher betrachten, so fällt uns auf, dass Gott *die Wege der Menschheit mit Seinen Wegen „vergleicht".* Diese sind in ihren Differenzen mehr als nur beachtenswert und *unterscheiden sich in einem äußerst hohen Maße.*

Die Wege des Herrn sind für uns Menschen *unbegreiflich.* Wir sind nicht dazu befähigt, Gottes weise Entscheidungen auch nur ansatzweise nachzuvollziehen. Denn: *So hoch der Himmel über der Erde ist, so viel höher sind meine Wege als eure Wege und meine Gedanken als eure Gedanken*, spricht der Herr in Vers 9.

Anhand der Worte Gottes können wir die unmissverständliche Allmacht des Höchsten in Erfahrung bringen. Er ist allmächtig, allwissend und führt Seine weisen Entscheidungen anhand dieser Kriterien der gänzlich in Ihm ruhenden Machtvollkommenheit aus. Gott ist der Schöpfer des Himmels und der Erde. Er ist der Ernährer unseres Erdballs, der uns anhand der von Ihm ausgehenden Tätigkeiten das Leben schenkt. Gott ernährt uns, Er händigt uns die Kraft zum Leben aus – dank der von Ihm getätigten Werke. Der Allmächtige schenkt uns den Regen und den Schnee, damit unsere Nahrung, die wir zum Leben brauchen, Wachstum erhält. Seine weisen Beschlüsse erweisen sich als *vollkommen durchdacht und wohltuend, sprich – als notwendig und folglich als lebensfördernd.*

Exakt wie der Herr uns das Leben – dank der soeben erwähnten *„Bewässerungsmaßnahmen"* schenkt, indem die Erde aufgrund dieses gewichtigen Bestandteils getränkt wird, so tränken auch die Worte Gottes diejenigen Menschen mit der zu benötigten *geistlichen Nahrung*, die den Inhalt Seiner weisen Worte an alle Menschen preisgeben.

Es ist *das Erkennen, das Wahrnehmen und das Ausüben Seiner uns zugedachten Worte*, an welche die Gläubigen mit vollster Gewissheit *ohne* jeglichen Zweifel glauben. Diese gewichtigen Bestandteile prägen unseren Glauben an den Herrn. In Vers 11 lesen wir, dass diese Beabsichtigung Gottes nicht *leer* zu Ihm *zurückkommen* wird. Denn die Worte, die Er uns preisgibt, werden *die Früchte der Erkenntnis* tragen. Dies bedeutet, dass Seine Worte in den Herzen der Gläubigen mit einem gewinnbringenden, wachsenden Samen gesät werden. Der *Glaube* ist es, der *in Gemeinsamkeit mit den Heiligen Geist* diesen einst in unserem Herzen gesäten Samenkorn die zu benötigende Kraft schenkt, damit dieses *Samenkorn von Tag zu Tag an Kraft und Wachstum gewinnt*, um zu einem *unerschütterlichen Baum heranreifen zu lassen, der selbst schweren Stürmen ohne Schaden widersteht!*

Die von Gott gewollte Durchführung (Vers 11) hat sich *verwirklicht* und weist zugleich auf, dass die wohlwollende Beabsichtigung, die Er uns mit diesen Worten preisgab, von den Gläubigen nach Seinen beabsichtigten Willen *vollführt wurde.*

Dieses innere, von Herzen entstehende Glücksgefühl ist es letztlich, welches uns die Gewissheit der vollkommenen Wahrheit Gottes bestätigt. Diese Freisetzung zur Freude kann nicht anders handeln, als ein sehnsüchtiges Hochgefühl der ummantelnden Liebe Gottes zu uns preiszugeben. Es muss, ja — es will Ihm Seine uns zugedachte Liebe mit Lob, Ehre und Dank preisen.

Das Gebet ist folglich die in uns ausgelöste, von Gott gewollte Dankbarkeitsbestätigung der innerlichen Freude, welches dieses innige und unsagbar nahe Verhältnis zu Gott entblößt! Es existiert keine Beziehung, die sich sinnlicher, liebevoller und näher präsentiert, als die Liebe zu dem allmächtigen Gott! Diese in jeder Hinsicht einfühlsame Beziehung ist einfach nicht steigerungsfähig!

Denn: **Das ist meine Freude, dass ich mich zu Gott halte und meine Zuversicht setze auf Gott, den Herrn, dass ich verkündige all dein Tun** (Psalm 73, Vers 28 / Lutherbibel 1984)

Welch eine Freude, Gott gebührend zu ehren – Halleluja!

Nun können wir mit freudiger Stimme folgendes Dankbarkeitsgebet ausrufen: **Denn ich will den Namen des Herrn verkünden: Gebt unserem Gott die Ehre!** (5.Mose 32, Vers 3)

Doch sollten wir stets bedenken, dass das Gebet *kein „Freibrief"* für die Erfüllung all unserer Wünsche darstellt, die wir voller Hoffnung an Gott ausrichten. Unwichtige, *für uns nicht zugedachte „Erfüllungsideen"*, wie beispielsweise zu Reichtum zu gelangen, sind für Gott *vollkommen bedeutungslos.*

Auch wenn ich mich an dieser Stelle abermals wiederhole, so sei noch einmal darauf hingewiesen, dass Gott für Seine gläubigen Kinder *immer nur das Beste beabsichtigt.* Er allein kennt unser Leben besser als wir selbst! Der Herr kennt somit unsere Vergangenheit, unsere Gegenwart und auch unsere Zukunft allzu genau. Er weiß peinlichst exakt, wie Er uns Seine Hilfe zukommen lassen muss, um dass wir ein Leben unter Seiner fürsorglichen Regie mit den *besten Voraussetzungen vollführen* können. *Unmissverständliches Vertrauen zu Gott ist somit von eklatanter Wichtigkeit beseelt, damit wir unseren Glauben im*

Gebet Ihm als solchen auch letztlich von ganzem Herzen be-kunden! Denn **das Gebet eines Gerechten vermag viel, wenn es ernstlich ist** (Jakobus 5, Vers 16b)

Wiederum weist uns der Halbbruder unseres Herrn Jesus Christus auf den „*richtigen Umgang*" mit dem Gebet hin. Alles, was wir aus einem *sehnsuchtsvollen Herzen Gott im ernstgemeinten, inbrünstigen Gebet im Namen Jesu Christi benennen, das soll sich auch erfüllen.*

Um diese gewichtige Aussage näher zu begründen, schlagen wir das Johannesevangelium auf und können im 14.Kapitel, in den Versen 13 + 14 folgende Worte des Heilands vernehmen:

Und alles, was ihr bitten werdet in meinem Namen, das will ich tun, damit der Vater verherrlicht wird in dem Sohn. Wenn ihr etwas bitten werdet in meinem Namen, so werde ich es tun.

Jesus spricht an dieser Stelle für uns sehr bedeutende Worte aus, auf die wir unsere Beachtung lenken müssen. Sie lauten: In meinem Namen. Diese für uns an vorderster Relevanz stehenden vom Heiland ausgesprochenen drei Worte, die unser Gebet zur Erfüllung leiten, haben *folgende gewichtige Bedeutung:*

In meinem Namen im Gebet *stets zu bedenken*, sagt aus, dass die Gleichheit, sprich − die *gemeinsamen Übereinstimmungen in unserem Gebet vorhanden sein müssen*, welche unser Herr Jesus in *allen Seinen ausgesprochenen Worten, welche den Geist Gottes in sich tragen und Seine zur Tat schreitende Willensstärke bekunden, beinhalten,* um dass das Gebet, welches wir beten, letztlich auch *erfüllt* wird.

Wenn *diese Einhaltung in unserem Gebet verwirklicht* wird, *so* **verherrlichen** wir nicht nur **den Namen des Vaters in dem**

100

Sohn, sondern unser sehnsuchtsvolles, inbrünstiges Gebet dient gleichzeitig auch unserem geistlichen, nunmehr von Gott geschenkten Wohlempfinden.

Jesus Christus spricht: **Ich bin der Weg und die Wahrheit und das Leben** (Johannes 14, Vers 6)

Blicken wir einmal näher in diese Worte, die uns der Herr Jesus preisgibt hinein, so werden wir Folgendes feststellen:

*Jesus Christus ist **der Weg**:* Der einzige Weg, der zum Reich der Himmel führt, ist Jesus Christus. Mit Seinem qualvollen Tod am Holz von Golgatha nahm Er die Sünden der Welt auf sich, um uns, den Gläubigen den Weg in das Himmelreich ebnen zu können.

*Jesus Christus ist **die Wahrheit**:* Gleichwie die unumstößliche Wahrheit auf Gott beruht, so beruht sie auch auf unserem Herrn Jesus Christus. Die Person Christi ist nicht nur Mensch, sondern *Mensch und Gott zugleich* – der Sohn Gottes, denn *wer Ihn gesehen hat, der hat den Vater gesehen* (Johannes 14, Vers 9) Die Dreifaltigkeit oder Trinität Gottes (Gott Vater, der Sohn und der Heilige Geist) *ist eine Gottheit*. Somit *inkludiert Jesus Christus anhand Seiner Person alle Vorzüge Gottes.* Die Visitenkarte der *Dreifaltigkeit Gottes allein* verfügt über die *makellose Reinheit der unverfälschten, vollkommenen* – sprich: der *konsistenten Wahrheit. Jesus ist Wahrheit.*

*Jesus Christus ist **das Leben**:* In der Person Jesu Christi ist die Vollkommenheit des Lebens beheimatet. Er ist **das A und das O – der Anfang und das Ende, der Erste und der Letzte** (Offenbarung 22, Vers 13) In Ihm ruht der Geist Gottes. Jesus Christus selbst *ist die kraftbringende Quelle des ewigen Lebens.* Sein Leben beinhaltet *das Leben,* sowohl auf die Ewigkeit bezogen, als auch im Sinne des geistlichen Lebens. Wer an Ihn glaubt, dem schenkt Er Ewiges Leben, *denn das Leben ist in Ihm.*

Gehen wir nun erneut über zu dem uns bereits bekannten Briefschreiber – zum Apostel Paulus. In den Worten des Epheserbriefes, Kapitel 6, Verse 16 – 18 können wir abermals zu einer wichtigen und hervorzuhebenden Erkenntnis des Glaubens gelangen, die uns Paulus ausführlich darlegt. Dort steht Folgendes geschrieben:

Vor allem aber ergreift den Schild des Glaubens, mit dem ihr alle feurigen Pfeile des Bösen auslöschen könnt, und nehmt auch den Helm des Heils und das Schwert des Geistes, welches das Wort Gottes ist, indem ihr zu jeder Zeit betet mit allem Gebet und Flehen im Geist, und wacht zu diesem Zweck in aller Ausdauer und Fürbitte für alle Heiligen

Der Glaube ist umhüllt von dem mächtigen, uns zu Gute kommenden *Bedeutungswert unseres Heils*, der Erkenntnis Gottes. Dieser gewichtige Schritt, den der Gläubige mit *der Gewissheit der Hoffnung* auf den Herrn tätigt, leitet sein Leben zu Gott hin. Johannes schreibt in seinem ersten Brief: *Denn alles, was aus Gott geboren ist, überwindet die Welt; und unser Glaube ist der Sieg, der die Welt überwunden hat* (1.Johannes 5, Vers 4)

Gläubige sind in der *stets* vom Heiligen Geist unterstützten Lage, die Welt anhand dieses *Trösters* mit einem *Sieg*, wie sich Johannes ausdrückt, *zu überwinden.* Der Glaube ist somit ein nicht zweifelnder, ja – ein in *sicherer Zuverlässigkeit stehender, niemals weichender Anhaltspunkt*, der den Gläubigen die Wahrheit Gottes *unablässig preisgibt.* Anfechtungen, unabhängig, welcher Art auch immer, werden dem Christen mehr als oft im Leben begegnen, jedoch *wird die Gewalt des Feuers ausgelöscht* werden. Aus *Schwachheit* sind wir *zu Kraft gekommen* und sind somit *stark geworden im Kampf*, der uns bedrückt (Hebräer 11, Vers 34)

Christen haben zwar den keinesfalls leicht zu bewältigenden Anteil am Leiden Christi, der uns oftmals das Leben erschwert, aber auch die *unumstößliche Gewissheit, dass Gott uns niemals aufgibt oder verlässt* (Hebräer 13, Vers 5); sondern mit dem Versprechen unseres Herrn Jesus werden wir die Anfechtungen, welche uns in unserem Dasein begegnen, mit einem bedeutsamen *Sieg überwinden*. *Gott hat uns lieb* (Johannes 16, Vers 27). Der Herr wird es *niemals zulassen, dass wir über unsere Kraft hinaus versucht werden*. Wir haben *Frieden in Jesus Christus,* denn unser Heiland spricht: *In der Welt habt ihr Bedrängnis; aber seid getrost, ich habe die Welt überwunden!* (Johannes 16, Vers 33)

Kommen wir wieder zurück zum Epheserbrief des Paulus und betrachten einmal genauer, inwiefern uns der Apostel anhand der Gewissheit der niemals verlöschenden Hoffnung, die sich *nur* anhand unseres Glauben erkenntlich zeigt, uns nunmehr Folgendes mitteilt:

Paulus spricht über *den Schild des Glaubens*. Mit dieser Schutzwaffe sind wir imstande, *alle feurigen Pfeile des Bösen auszulöschen*. Der überwindende Auslöscher an sich ist jedoch *das beharrliche Wesen unseres barmherzigen Gottes*, welches sich wie folgt darstellt:

Die Charaktereigenschaften Gottes präsentieren sich Seinen Kindern als: *wahrheitsgemäß, stets von Gerechtigkeit umgeben, sie beinhalten die Botschaft des Friedens – den Ernährer des Glaubens, die Tadellosigkeit des Höchsten – kurzum: die gesamten Worte Gottes*, denn **ohne Ihn** (Jesus) **können wir nichts tun** (Johannes 15, Vers 5 b / Lutherbibel 1984)

Diese uns vom beständigen *Tröster angelegten Schutzmaß-nahmen tragen die Gläubigen* anhand ihres Glaubens *unent-wegt, ohne* diese wichtigen Vorkehrungen *jemals abzulegen.*

Dazu gesellen sich zwei weitere Schutzwaffen Gottes: der **Helm des Heils** und **das Schwert des Geistes**, welche sich als das **Wort Gottes** darstellen. Der **Helm des Heils** präsentiert sich als ein *nicht zu vereinnahmender Schutzhelm*, denn dieser legt *die Erlösung für die Gläubigen dar* (Jesaja 59, Vers 17)

Weiterhin spricht Paulus von dem **Schwert des Geistes, wel-ches das Wort Gottes ist**. Diese Feststellung, die in unserem inneren Herzen ruht, baut die in uns ruhende, von Gott gewoll-te Ummantelung Seines beschützenden Wesens zu Seinen Kin-dern auf. Wir sind umgeben von der Liebe Gottes – anhand unseres Glaubens an Seinen Sohn Jesus Christus. Allein aus Gnade kleidet uns der Herr mit der Gerechtigkeit Christi ein, ja – *Er umhüllt uns mit den Schutzschildern Seines eigenen Lammes – Jesus Christus!*

Daher ist der Gläubige ein *permanent abgesicherter und auch abgehärteter* **Hausgenosse** (Epheser 2, Vers 19) *des Höchsten*. Aus diesem Grund werden *alle verleumderischen Herabsetzungen*, die uns zu drohen, als auch zu vernichten versuchen, anhand dieser von Gott geführten Maßnahmen *stets erfolgreich abgewehrt werden. Wir bleiben die Sieger im Kampf gegen das Übel* – der Teufel wird sich mit all seinen Bemühungen, mit denen er uns Schaden zufügen will, die Zäh-ne ausbeißen! Halleluja! Denn: ***Ist Gott für uns, wer kann gegen uns sein?*** , betont der Apostel Paulus in Römer 8, Vers 31.

Paulus schreibt nun weiterhin über die Wichtigkeit des Gebets. Wir müssen *allezeit beten und nicht nachlässig werden* (Lukas 18, Vers 1) Christen leben in der *konstanten, wohltuenden Gemeinschaft des allmächtigen Gottes*. Bisher konnten wir sehr viel darüber in Erfahrung bringen, denn jeder erneuter Tagesablauf in unserer Existenz weist den Christen eindeutig auf dieses gnadenreiche und bleibende Gottesgeschenk hin.

Diese in unserem Herzen ruhende Gewissheit ist es, die uns förmlich in das Gebet hineindrängt. Wir *wollen* diese innere Verbundenheit mit Gott Tag für Tag *fördern und unser Herz sehnt sich* weiterhin nach dieser hilfebringenden Maßnahme des Höchsten. Das Gebet bestätigt folglich, dass die Kommunikation mit Gott sich *als unablässig* präsentiert. In dem Gebet zum Herrn geben die Gläubigen Gott *die erforderliche Anteilnahme als ein Zeichen der Dankbarkeit preis*. Nun befinden wir uns inmitten der herrlichen Ära Gottes.

Dieses fühlbare, ja – in uns ständig wohnende Verhältnis *will und muss tagtäglich gefördert werden*, sodass sich dieser Gnadenerweis des Allmächtigen anhand unserer von Herzen kommenden Würdigung im Gebet *erkenntlich zeigt*. Es handelt sich hiermit um eine von uns *ausgehende, gewollte und allumfassende Botschaft*, welche mit vielen Dank, – Lob – und Preisgebeten Dank der Gabe des Heiligen Geistes zum Herrn erhoben wird. Folglich weist das *inbrünstige Gebet auf das in uns aufkommende, vollständige Vertrauen zu Gott dem Herrn hin*. *Zu jeder Zeit*, sprich – *unaufhörlich brauchen wir diese von Gott gegebenen Schutzmaßnahmen*, welche uns jeden erneuten Tag *näher zu der Herrlichkeit Gottes leiten*. Unser Gebet, so Paulus, soll daher *zu jeder Zeit*, vollzogen werden, sprich – *konstant* von ganzem Herzen gebetet werden, *sodass wir dem Herrn die Ihm gebührende Ehre erweisen, dass nicht nur wir, sondern ebenfalls auch die Fürbitte für alle Heiligen* (alle anderen Christen) im Gebet *gedacht wird*.

Diese tiefgründig apostolischen Glaubensinhalte, die uns Paulus anhand Seines eigenen Glaubens preisgibt, sollen auch wir in unser Gebet mit einfließen lassen, *damit auch wir an alle unsere Glaubensbrüder / an alle Gläubigen (**die Fürbitte für alle Heiligen**) in unserem Gebet wohlwollend gedenken.*

Ein Beispiel für dieses hingebungsvolle Denken können wir aus den von Paulus verfassten Worten seines Philipperbriefes erkennen. Dort schreibt er:

Mich verlangt danach, aufzubrechen und bei Christus zu sein, was auch viel besser wäre; aber es ist nötiger, im Fleisch zu bleiben um euretwillen (Philipper 1, Vers 23b + 24)

Anhand dieser von Paulus verfassten Worte können wir genauestens erkennen, dass sich seine Sehnsucht bei Christus zu sein aufgrund der Liebe zu seinen Glaubensbrüdern weiterhin noch *nicht erfüllen wird.* Er sieht sich gezwungen, weiterhin mit seinem fleischlichen Körper das Evangelium Jesu Christi zu predigen. Denn Gott, der Herr hatte für Paulus die noch in Aufbau befindliche Aufgabe, weitere Christen anhand des Paulus` Predigten zu gewinnen. Das war des Paulus Werk, seine Tat und sein Leben: *Für den Namen unseres Erlösers Jesus Christus zu leben.* **Denn für mich ist Christus ist das Leben,** schreibt der Apostel, **und das Sterben ein Gewinn** (Philipper 1, Vers 21)

Aus diesem Grund liegt es mir an dieser Stelle sehr nahe, die von mir gewählten Worte, die ich bereits in meinem Buch: „Der Römerbrief" auf Seite 371 preisgab, nochmals wie folgt zu wiederholen:

Diese von Paulus dargelegte Glaubensvorgabe ist ein prädestiniertes, zur Nachahmung empfohlenes Meisterwerk der niemals anzuzweifelnden Christusliebe!

Die Verheißungen Gottes
im Hinblick auf den Tod

Nicht zu Christus bekehrte Menschen fragen häufig in Bezug auf das Sterben: Endet alles mit unserem Tod? Was wird nunmehr aus uns?

Mit diesen bedeutungsvollen Fragen wollen wir uns gemeinsam mittels dieses Kapitelabschnittes näher befassen. Wir werden erkennen, dass nach unserem irdischen Tod der Christ in eine *„vom Herrn bereitete Wohnung"* (Johannes 14, Vers 2 + 3) eintritt, die er nunmehr in Ewigkeit bewohnen wird: Das Himmelreich Gottes, der neuen Heimat eines jeden Christen.

Gott hält für *jeden einzelnen Menschen* einen Platz in Seinem Reich bereit, wenn dieser sich zu Ihm von Herzen bekehrt.

Nehmen auch Sie an der himmlischen Festfeier teil!

Schlagen wir daher erneut die Bibel auf und betrachten uns zunächst einmal folgende zwei Aussagen unseres Herrn Jesus Christus, die in diesem Buch auf Seite 48 schon einmal niedergeschrieben wurden, ohne jedoch die Worte des Heilands näher zu durchleuchten. Sie lauten:

Ich bin die Auferstehung und das Leben. Wer an mich glaubt, wird leben, auch wenn er stirbt; und jeder, der lebt und an mich glaubt, wird in Ewigkeit nicht sterben (Johannes 11, Vers 25 + 26)

Die Worte, die unser Herr Jesus preisgibt, sind herrliche, zum Jubeln veranlassende Freudenbotschaften für einen *jeden Christen*. Christus schenkt uns mit Seiner Aussage *eine niemals vergehende Hoffnung in Form einer Zusage: Ich bin.* Damit weist der Herr auf Seine göttliche Vollkommenheit hin. Gleich wie der Vater diese wahrhaftige Behauptung vertritt: *„Ich bin, der ich bin!"* (2.Mose 3, Vers 14), so kann auch der Sohn diese wahrheitsgemäße Verkündigung vertrauenswürdig offenbaren, denn *das Wort wurde Fleisch und wohnte unter uns; und wir sahen seine Herrlichkeit, eine Herrlichkeit als des Eingeborenen vom Vater, voller Gnade und Wahrheit* (Johannes 1, Vers 14)

Unser Heiland impliziert *die Auferstehung und das Leben.* Folglich ist *die Auferstehung* eine von Gott dem Christus übergebene Vollmacht, *denn wie der Vater die Toten auferweckt und lebendig macht, so macht auch der Sohn lebendig, welche er will,* spricht der Heiland im Evangelium des Johannes 5, Vers 21.

Jesus Christus ist *das Leben.* Im Johannesevangelium, Kapitel 6; Vers 39 + 40 können wir den Heiland Folgendes sprechen hören: *Und das ist der Wille des Vaters, der mich gesandt hat, dass ich nichts verliere von allem, was er mir gegeben hat, sondern dass ich es auferwecke am letzten Tag. Das ist aber der Wille dessen, der mich gesandt hat, dass jeder, der den Sohn sieht und an ihn glaubt, ewiges Leben hat; und ich werde ihn auferwecken am letzten Tag.*

Mit dieser Aussage schenkt uns Christus die lebendige Wahrheit Seiner Person *in* unseren Glauben hinein. Er hat die *absolute Vollmacht des allmächtigen Gottes erhalten, jeden Menschen, der den Sohn sieht und an ihn glaubt, ewiges Le-*

ben zu schenken und den Gläubigen somit anhand dieses von Gott übergebenen Prinzips am letzten Tag aufzuerwecken. Die Person Christi beinhaltet das lebendige Wort Gottes. Er selbst erfüllt das *„vollkommene, richtmäßige Leistungssoll"* anhand Seiner *uneingeschränkten Machtvollkommenheit* – Er ist Gott *gleich.* Jesus spricht: **Und wer mich sieht, der sieht den, der mich gesandt hat** (Johannes 12, Vers 45)

Jesus schenkt der gläubigen Gemeinde die fundierte Geborgenheit, welche von *Seinem Gott gleichartigen, unverblümten Zuverlässigkeitscharakter ausgeht.* Aufgrund dessen ist der Glaube der alles in allem zu benötigende *Inhaltspunkt,* um dieses vom Herrn zugesagte Versprechen mit Hilfe dieser in unserem Herzen umzusetzenden, verbindlichen Tätigkeit letztlich verwirklichen zu können. Christus *sagt uns die Entstehung eines neuen Lebens in Seiner Gegenwart zu.* Es handelt sich bei dieser Aussage nicht nur um eine Zusage, sondern um eine von Ihm ausgehende, in die Tat geleitete *Verwirklichung.* Für diese gnadenreiche Aussicht hat der Heiland *Sein eigenes Leben* mit Seinem wertvollen, gnadenbringenden Blut am Holz auf Golgatha *für uns, die Gläubigen geopfert.* Mit dieser von Gott stets gewollten Hingabe (1.Mose 3, Vers 15) hat der Heiland *die in uns wohnende Sünde ein für alle Mal vertilgt und dem Teufel die Macht entnommen.*

Mit diesen gnadenreichen Worten hat uns Jesus eine zu Ihm bezogene Freiheit zugesagt, *die mit unserem leiblichen Tod nicht enden wird, sondern zu einer Fortsetzung in Seinem Reich der Himmel auf Ewigkeit Bestand hat.* Es handelt sich um ein *wirklichkeitstreues Verantwortungsgefühl,* die der Herr uns mit Seinen Worten wohlwollend anhand dieser Zusicherung übergibt. Christen werden nach dem irdischen Abschied fortan *in* der Person Christi leben – Er schenkt uns *Sein Leben, um unser Leben zu erhalten.* Nunmehr ist das von Menschen zum Ausdruck ihres einstigen Verstandes ausgesprochene, fleischliche Wort *nicht mehr der Tod, denn dieser gehört der Vergangenheit eines nicht zu Christus bezogenen Lebens an – sondern fortan – ein Leben mit Glauben in der Geborgenheit Christi.*

Denn in Jesus Christus *ist* das Leben beheimatet, ja – der leiblich Verstorbene **wird in Ewigkeit nicht sterben**, sondern in der Person Christi *weiterleben.* Christen werden sich mit dem **Licht** *der Wahrheit,* (Johannes 3, Vers 21) *welches vom Heiland ausgeht, verbinden,* das ist des Christus` und Gottes Wille, dass *jeder, der an den Herrn Jesus von ganzem Herzen glaubt, auch in Seinem Namen auf Ewigkeit mit der Aufnahme in das Reich der Himmel verherrlicht wird.*

Dieses von Gott stets gewollte Geschenk ist und bleibt das *größte, barmherzigste und gnadenreichste aller Gaben,* die uns der allmächtige Gott zusagen kann. Seine Liebe zu den Menschen erweist sich bei dieser Aussage Seines Sohnes als *unübertrefflich.* Die dem Mose von Gott ausgehändigten Gebote waren für Menschen aufgrund der von deren Sünde geprägten Charaktere *nicht in ihrer Gesamtstruktur umsetzbar.* (Siehe Römer 3, Vers 19 + 20 / die Textauslegung wurde aus meinem Buch „Der Römerbrief" / Seite 80 – 82 wie folgt übernommen:)

Der Apostel Paulus schreibt: **Wir wissen aber, dass das Gesetz alles was es spricht, zu denen sagt, die unter dem Gesetz sind, damit jeder Mund verstopft werde und alle Welt vor Gott schuldig sei, weil aus Werken des Gesetzes kein Fleisch vor ihm gerechtfertigt werden kann; denn durch das Gesetz kommt Erkenntnis der Sünde** (Römer 3, Vers 19 + 20)

Das Gericht des Herrn spricht alle Menschen für schuldig. Paulus definiert seine Aussage, indem er in den Versen neunzehn und zwanzig preisgibt, dass das Gesetz die Gläubigen anspricht, die mit den Worten Gottes vertraut sind. Sie besitzen den Glauben, der vorhanden sein muss, um die Worte des Herrn im Herzen zu entfalten, und zwar in einer solchen Art und Weise, dass sie in ein Ergebnis des Wachstums geführt werden, damit sie sich nach außen hin erfolgreich präsentieren können, *denn wo euer Schatz ist, da wird auch euer Herz sein* (Matthäus 6, Vers 21) Doch Vorsicht! Es hält sich eine standhaft ausschlaggebende Widerspenstigkeit bereit, so Paulus, welche nunmehr zum Vorschein gelangt. Dieser gegen die Worte Gottes gerichteten Rebellion können sich weder Juden noch Heiden entziehen. Der Apostel aber verweist auf die logische Schlussfolgerung, dass aufgrund der menschlich angeborenen Sünde diese Wachstumsperiode des Glaubens nicht in die Tat umgesetzt wird. Ganz im Gegenteil: Sie wird vom Übel gestört und daher vernichtend geschlagen.

Dies beweist, dass sich der selbst in Bedrängnis leitende, nunmehr in Eigenregie inhaftierte Mensch als sein eigener Sklave deklariert. Auch die verschiedensten Gruppierungen der Menschen, inklusive ihres Ansehens können und werden dieses frevlerisch üble Vergehen nicht beiseite drängen. Der Mensch hat sich in jeglicher Hinsicht von den Gesetzen Gottes abgesetzt und wird folglich vom Allmächtigen für schuldig ausgemustert. Die hochdosiert menschlich auftretende Arroganz verfällt in eine von Gott trostlos verlassene, zeitlose Finsternis. Der Mensch zerbricht an eigen hinterlassener Selbstüberzeugung, weil er die Worte des Herrn ausgesprochen hoffnungslos unterschätzt. Die Worte Gottes entfalten unwillkürlich das Unrecht des Menschengeschlechts. Sie hinterlassen keinen Zweifel, noch ein zu hinterfragendes, nicht aufgedecktes Vermächtnis. Es sind klar und deutlich hinterlassene, auf Ewigkeit geprüfte und einzuhaltende Worte des Herrn, welche von der unabdingbaren Wahrheit des Allmächtigen zeugen. Diese Tatsache ist unumstritten. Niemand kann sich aus diesen fehlerlosen, vom Herrn bestimmten Gesetzen freisprechen; sie hinterlegen jegliche, schonungslose Sünde. Das Gesetz Gottes verweist den Gläubigen spontan auf die Vergegenwärtigung der Sünde. Kein anderer Weg führt die Menschheit an dem Gesetz Gottes vorbei. Dieser Weg muss erkannt und eingeschlagen werden, mit der uns zu Gute kommenden Hilfe des Erlösers, Jesus Christus. Sein Evangelium ist der Vorbote der himmlischen Zusammenkünfte. Zu dieser herrlichen, auf Ewigkeit stattfindenden Festfeier wird jeder Mensch eingeladen; die Juden als auch die Heiden. Gottes Wille ist, dass jeder Mensch an diesem grandiosen Ereignis teilnimmt (Hesekiel 33, Vers 11), wenn die Worte des Heilands die Herzen der Menschen zum Erkennen der Wahrheit prägend berühren, und folglich der Glaube an Ihn gewährleistet wird.

Paulus gibt uns in den kommenden Versen seines Briefes detaillierte Auskunft, wie wir mit der geschenkten Gerechtigkeit Gottes *miterbaut werden zu einer Wohnung im Geist* (Epheser 2, Vers 22), welche nur durch den Glauben an Gottes Sohn Jesus Christus verwirklicht werden kann. Die Botschaft unseres Herrn und Erlösers Jesus Christus ruft die Menschheit zum Sammeln eines auf Ewigkeit geborgenen, nie vergänglichen, himmlischen Schatzes auf (Matthäus 6, Vers 20), der die implizierte Verruchtheit der menschlichen Ironie, welche die Sünde mittels der ausgehenden Liebe und dem vergossenen Blut des Heilands für alle Zeit vertilgen wird.

Gott hat Sein seit Ewigkeit bestehendes Vorhaben in die Tat umgesetzt (siehe wiederum 1.Mose 3, Vers 15!). Allein aus Liebe zu uns Menschen hat sich Gott selbst in Seinem Sohn verwirklicht, um den Gläubigen, die ihren von Herzen kommenden Glauben an den Herrn Jesus bekunden, einen Platz in Seinem Reich zu gewährleisten – wir werden vom Tod in das ewige Leben vom Höchsten hineingeleitet werden!

Paulus schreibt hierzu folgende Worte: *Sodass sie* (die gläubige Menschheit) *ohne Verdienst gerechtfertigt werden durch seine Gnade* (Gottes Gnade) *aufgrund der Erlösung, die in Christus Jesus ist. Ihn* (Jesus Christus) *hat Gott zum Sühnopfer bestimmt, (das wirksam wird) durch den Glauben an sein Blut, um seine Gerechtigkeit zu erweisen, weil er die Sünden ungestraft ließ, die zuvor geschehen waren* (Römer 3, Vers 24 + 25 / die Textauslegung wurde aus meinem Buch „Der Römerbrief" / Seite 85 + 86 wie folgt übernommen:)

Der Apostel geht nun über in eine sehr wichtige Feststellung. Paulus schreibt, dass *sie* (die gläubige Menschheit) *ohne Verdienst gerechtfertigt werden durch seine* (Gottes) *Gnade aufgrund der Erlösung, die in Christus Jesus ist.* Damit will er ausdrücken, dass selbst der gläubige Mensch nicht durch den eigenen Glauben diese Erlösung verdient, sondern es ist die Gnade Gottes, die den Gläubigen zu diesem alles errettenden Geschenk verhilft. Wir erhalten ohne Verdienst von Gott eine unverdiente Gnade, die Er uns zukommen lässt. Dies bedeutet: Wer an den Herrn Jesus glaubt, der erhält vom Herrn eine gerecht machende und gleichzeitig gerecht gesprochene Erlösung (Befreiung). Die Gnade beruht auf dem *Sühnopfer* unseres Herrn Jesus Christus, dies sagt aus, dass diese vom Heiland begangene und von Gott gewollte (... *ihn hat Gott zum Sühnopfer bestimmt*) Bestrafung Seines sündenfreien Sohnes mit Jesu Blut die Gläubigen zur Befreiung ihrer begangenen Sünden leitet. Diese Tatsache drückt noch einmal mehr die grandiose Liebe Gottes zu uns Menschen aus: Die Gnade ist ein nicht verdientes, großzügig verteiltes Geschenk Gottes, ja – ein aus Gottes Liebe entstandenes Handeln, welches den gläubigen Menschen zur Seligkeit führt. Mit diesem Liebesbeweis vertilgte Gott nunmehr alle die vor dieser Zeit begangenen Sünden (*... die zuvor geheschen waren*) für diejenigen Menschen, die Er mit Seiner errettenden Gnade seit Anbeginn der Zeit beschenkte. Nach dem qualvollen Tod des Heilands zerriss der Vorhang des Tempels *von oben bis unten entzwei* (Markus 15, Vers 38) – ein Zeichen derer, welche Teilhaber der Gnade Gottes sind, die nunmehr bedingt durch Gottes Barmherzigkeit zur Seligkeit gelangen.

Nunmehr kann ab diesem Zeitpunkt *nicht nur* der Hohepriester in das Heiligtum des Tempels eingehen, sondern *jedes Gotteskind* hat freien Eintritt, um dieses Heiligtum des Tempels besehen zu können. Das alles hat den **Mitbürgern und Hausgenossen Gottes** (Epheser 2, Vers 19) einzig und allein *nur* die Gnade des Höchsten zum Geschenk anhand Seiner barmherzigen Liebe zu uns offenbart.

Der Tod beinhaltet für einen Christen nur, dass er leiblich stirbt. Jedoch wird seine Seele zu Christus gelangen, bis Christus uns *auferwecken* wird *am letzten Tag* (*Jüngsten Tage* = Lutherbibel 1984 / Johannes 6, Vers 40b) Dort werden wir dann sein *wie die Engel Gottes im Himmel* (Matthäus 22, Vers 30b)

Christen brauchen den Tod nicht zu fürchten – ganz im Gegenteil: Der Tod ist nur ein weiterer, gewichtiger Schritt, der uns in die barmherzige Sphäre Christi leitet. Im Reich Gottes erhält das Leben erstmals den für die Gläubigen zugedachten Bereich: Die ewig anhaltende, sorgenfreie Zugehörigkeit in der Gemeinschaft Gottes und Jesu Christi.

Weitere prägnante Aussagen unseres Herrn Jesus Christus finden wir in den folgenden Bibelstellen des Johannesevangeliums. Dort spricht der Heiland:

Euer Herz erschrecke nicht! Glaubt an Gott und glaubt an mich! Im Haus meines Vaters sind viele Wohnungen; wenn nicht, so hätte ich es euch gesagt. Ich gehe hin, um euch eine Stätte zu bereiten. Und wenn ich hingehe und euch eine Stätte bereite, so komme ich wieder und werde euch zu mir nehmen, damit auch ihr seid, wo ich bin. Wohin ich aber gehe, wisst ihr, und ihr kennt den Weg (Johannes 14, Vers 1 – 4)

Jesus Christus hinterlässt den Jüngern, als auch uns, der gläubigen Gemeinde eine frohe, alles umfassende Botschaft: Wir brauchen uns *nicht zu ängstigen*, denn der Herr hat uns eine mehr als aussichtsreiche Nachricht mit in unseren Lebensweg hineingeschenkt: *Seine Zusicherung,* – wir werden Ihm nach unserem Tod *in Sein Reich folgen*. Der Herr spricht: *Fürchte dich nicht, denn ich habe dich erlöst!* (Jesaja 43, Vers 1)

Der Glaube, der die Gotteskinder mit der *verbindlichen Wahrheit Christi tränkt*, ist die ausschlaggebende, *niemals zweifelnde Gewissheit*, dass *die Verheißung Christi sich bewahrheiten wird*. In Psalm 42, Vers 6 (Lutherbibel 1984) schreibt der Psalmist:

Was betrübst du dich meine Seele und bist so unruhig in mir? Harre auf Gott, denn ich werde ihm noch danken, dass er meines Angesichts Hilfe und mein Gott ist!

Der Heilige Geist ist dieser *fürsorgliche Tröster*, der uns *permanent* auf jene Vertrautheit *hinweist*. Der Heiland *will* uns eine *bleibende* Heimstätte bereiten, deren räumliche Ausdehnungen viele Wohnungen beinhalten. Diese werden für die Aufnahme der gläubigen Gemeinde von dem Herrn Jesus *persönlich vorbereitet.*

Der Tod und die Auferstehung Christi ist erst *der Anfang,* um das von Christus versprochene Werk *zu beginnen, zu vervollständigen und* mit Seiner erneuten Wiederankunft **am letzten Tag** (Johannes 6, Vers 40b) *zu beenden.* Gläubige wissen, wohin der Herr Jesus geht, um Sein Versprechen, welches nur uns zu Gute kommt, zu realisieren.

Dann werden die Glaubenden das vollkommene, zum Einzug bereitete Reich auf Ewigkeit anhand der von Christus nunmehr vollendenden Stätte in *gemeinschaftlicher Verbundenheit mit dem Vater und unserem Herrn Jesus bis in alle Ewigkeit genießen können.* Die Liebe unseres Herrn Jesus wird sich uns bei Seiner Wiederkunft wie folgt erkenntlich zeigen:

Der Apostel Paulus beschreibt die Entrückung wie folgt: **Danach werden wir, die wir leben und übrig bleiben, zusammen mit ihnen** (den Toten – siehe 1. Thessalonicher 4, Vers 16) **entrückt werden in Wolken, zur Begegnung mit dem Herrn, in die Luft, und so werden wir bei dem Herrn sein allezeit** (1.Thessalonicher 4, Vers 17)

Jesus Christus wird sich der Menschheit in all Seiner *großen Macht und Herrlichkeit* präsentieren. *Und dann wird er seine Engel aussenden und seine Auserwählten sammeln von den vier Windrichtungen, vom äußersten Ende der Erde bis zum äußersten Ende des Himmels* (Markus 13, Vers 26 + 27) *Und das Meer gab die Toten heraus, die in ihm waren, und der Tod und das Totenreich gaben die Toten heraus, die in ihnen waren* (Offenbarung 20, Vers 13)

Nun wird die unablässige Hoffnung, die den beharrlichen Glauben der Gläubigen nährte, sich mit dem Versprechen Gottes voll und ganz realisieren:

Mit mehr als nur deutlicher Erkenntnis können wir den Tod getrost erwarten, denn was auf Christen nach deren irdischen Abschied an Barmherzigkeit, Heil und Zuwendung in Form der ausströmenden Liebe Christi zukommt, wird alle bisherigen Erwartungen unter Garantie mehr als reichlich übertrumpfen.

In der Offenbarung 21, Vers 4 lesen wir: *Und Gott wird abwischen alle Tränen von ihren Augen, und der Tod wird nicht mehr sein, weder Leid, noch Geschrei noch Schmerz wird mehr sein; denn das Erste ist vergangen.*

Gott wird sich um uns *kümmern*, gleich einer sorgenden Mutter, die ihrem Kind die Tränen abwischt. Es ist die fürsorgliche, gnadenreiche Wärme, die vom Höchsten ausgeht – ein klares Indiz Seiner uns zugesagten Liebe (siehe wiederum Jesaja 43, Vers 1), die Seine weisen Handhabungen prägend hervorheben.

Der Tod ist nunmehr nur noch ein an uns vorübergezogener, unwichtiger Gefährte der einstigen, leiblichen Schwäche. Im Reich der Himmel hat sich das Versprechen des allmächtigen Gottes zur helfenden Tat verwirklicht. **Geschrei und Schmerz wird nicht mehr sein** – kurzum:

Alles ist vergangen, um dem paradiesischen Ausmaß der ewigen Freude in der Zusammenkunft Gottes und Jesu Christi anzugehören – welch eine Freude – Halleluja!!!

Denn:

Gott ist für Dich!

Jesus Christus spricht:

Wahrlich, wahrlich ich sage euch: Wer mein Wort hört und dem glaubt der mich gesandt hat, der hat ewiges Leben und kommt nicht ins Gericht, sondern er ist vom Tod zum Leben hindurchgedrungen (Johannes 5, Vers 24)

Der Heiland schenkt der gläubigen Gemeinde eine bleibende Botschaft mit auf deren Lebensweg. Die Worte Christi *sind keine leeren Vertröstungen, sondern Gott hat mit der Verwirklichung Seines Sohnes Sich selbst in der Person Christi offenbart* (Johannes 1, Vers 14).

Der Allmächtige hat anhand dieser prägenden Bestätigung einen *endgültigen, befreienden Schlussstrich unter die Trostlosigkeit für die gläubige Menschheit gesetzt.* Jesus Christus lässt diese Gemeinde aufblicken in eine *bleibende, liebende, kurzum – in die ewige Zukunft eines neuen Lebens.* Der Tod ist nunmehr nur noch *ein Übergang in das ewige Leben bei Gott und Jesus Christus,* denn wir **sind vom Tod zum Leben gelangt** (1.Johannes 3, Vers 14) Die Verwirklichung des Höchsten ist *in* Jesus Christus. Er spricht die Worte: *Wahrlich, wahrlich ich sage euch...* Diese Aussage des Heilands lässt uns exakt erkennen, *dass die ganze Weisheit, welche die sprudelnde Quelle der unnachahmlichen Liebe Gottes zu den Christen preisgibt, von allerhöchster Stelle ausgeht.* Wir haben die Definition Christi (**Ich bin der Weg und die Wahrheit und das Leben** / Johannes 14, Vers 6) bereits näher erfahren können und wissen zugleich, dass *in* unserem Heiland *die vollkommene Wahrheit ruht* – Jesus *ist* die Wahrheit! (siehe Seite 101).

Jesus Christus will uns mit Seiner Aussage *eine eben zu begehende Straße bahnen,* mit der wir *direkt* – *ohne Umweg* zum **ewigen Leben** gelangen können. Diese Straße ist der von Gott *beabsichtigte, hergerichtete „Freiheitspfad"* in das Reich der Himmel. Der einst verdunkelte Lebensbereich wird durch den Glauben an den Sohn der Herrlichkeit *von dem Licht der Wahrheit erleuchtet und vertilgt.* Diese Straße der ewigen Hoffnung ist jedoch *ohne* menschliches Werk entstanden. *Gott allein* hat diesen *Freiheitspfad* für die Gläubigen entstehen lassen, als ein Zeichen Seiner Liebe zu uns. Die Gläubige Gemeinde empfängt *ohne Zutun* die Heimkehr in das Himmelreich.

Das einstige zum Tode führende Leben des Adam wurde dank dem grandiosen Vorhaben Gottes mit Seinem Sohn in ewige Freiheit geleitet. Diese Berufung zur Freiheit hat Gott uns in Seinem Sohn Jesus Christus offenbart. Jedoch muss von dem Gläubigen der Glaube an Jesus Christus wie folgt vorhanden sein:

Wenn wir an Jesus Christus von ganzem Herzen glauben, Ihm das eigene Leben übergeben, dass Er es fortan leiten kann, Ihn als unseren Erlöser betrachten, der für uns die Sünden am Kreuz von Golgatha mit Seinem teuren Blut vertilgte, Ihn als den am dritten Tag Auferstandenen anerkennen, der nunmehr zur Rechten Gottes sitzt und wieder-

kommt, um uns in das Himmelreich zu holen – dann werden die **Gläubigen** *errettet* werden (Römer 10, Vers 10 + 11 / Jesaja 28, Vers 16)

Denn: *Gott aber, der reich ist an Erbarmen, hat um seiner großen Liebe willen, mit der er uns geliebt hat, auch uns, die wir tot waren durch die Übertretungen,* (Sünden) *mit dem Christus lebendig gemacht* – *aus Gnade seid ihr errettet!* (Epheser 2, Vers 4 + 5)

Das Wort unseres Herrn Jesus Christus, welches die Gläubigen voller Dank und Hoffnung aufnehmen, leitet sie in das ewige Leben hinein. Denn – gleich, wie wir an den Sohn glauben, so glauben auch wir an den Vater (Johannes 10, Vers 30) Der Glaube an Gott und Jesus Christus, *denn wer mich hört und den, der mich gesandt hat*, bestätigt anhand des Glaubens *das persönliche Indiz der erforderlichen Huldigung,* welches uns Jesus überaus wohlwollend preisgibt.

Nun spricht der Heiland: *der hat das ewige Leben*. Wenn man diese fünf Worte im dem vom Glauben erfüllten Herzen näher definiert, so kommt man unwillkürlich zu der Feststellung, dass man *das ewige Leben anhand des Glaubens an Christus bereits schon angenommen hat*. Der Glaubende besitzt es schon jetzt! *So macht auch der Sohn lebendig, welche er will* (Johannes 5, Vers 21).

Nunmehr folgen die Worte: *und kommt nicht ins Gericht*. Der Glaube an den Heiland bewirkt, dass der Christ anhand seines entscheidenden Bekenntnisses *nicht ins Gericht kommt*. *Das von Christus Versprochene ist in die Endphase des ewigen Lebens schon bereits im „Jetzt" übergegangen* – *und hat sich folglich dem Gericht entzogen.* Das Leben bei Jesus Christus *hat schon begonnen*, es ist bereits in das *ewige Leben* eingegangen. *Das Gericht ist existenzlos, weil es das ewige Leben bereits schon besitzt.*

Nun sind wir **vom Tod zum Leben hindurchgedrungen**. Als Christ hatte man schon im jetzigen Dasein eine *„moralische Unterweisung"* Christi. *Dies bedeutet wiederum, dass der Gläubige im noch existierenden Leben den Glauben an die Trinität Gottes (Gott Vater, der Sohn und der Heilige Geist) in seinem Herzen angenommen und verwirklicht hat.* Der zur Verdammnis führende Tod ist somit *übergegangen* in das *geistliche, ewige Leben. Das Gericht ist an diesem Christen etwas schon gegenwärtig Geschehenes. Christen sind vom Tod in das Leben hindurchgedrungen!*

Die Ungläubigen jedoch werden diese Wohltat *nicht* genießen können, sondern sie werden am Jüngsten Tag, wenn Christus Gericht halten wird über die Lebenden und die Toten **ins Gericht** kommen.

Der prägende Unterschied zwischen einem Gläubigen und einem Ungläubigen wird nun mehr als deutlich von dem Heiland herausgefiltert. Zwar bleibt auch der Gläubige exakt wie auch der Ungläubige stets ein Sünder.

Doch der alles entscheidende Unterschied stellt sich wie folgt mehr als prägend dar:

Der Ungläubige bereut seine Sünden *nicht*, er vergleicht sich vielmehr mit anderen Personen, die, wie er meint, noch üblere Taten begehen, wie sie er selbst ausübt. Er besitzt in seinem Herzen *keinerlei* Veranlassung seine begangenen Sünden im

Gebet der Buße vor Gott von ganzem Herzen zu bereuen. Dieser Mensch *belastet und betrübt,* so meint er, *sein Gewissen nicht,* sondern lebt schnurstracks *in das Verderben hinein,* in welches er sich *aus Eigenverschulden der Verachtung der Worte Gottes selbst „hineinkatapultiert".* Das diese von Schande umgebene Vorgehensweise bei Gott *keinerlei* Einklang findet, ist allzu verständlich. Die Gerechtigkeit Gottes ist die *Visitenkarte, ja – das alles in allem sich als perfekt herauskristallisierende Aushängeschild des Höchsten. Niemand* kann der Gerechtigkeit Gottes entgehen. *Dieser Mensch wird sich seiner üblen Missetaten im Gericht vor Jesus Christus anhand seines Unglaubens verantworten müssen.*

Der Gläubige aber hat das Herz mit der Wahrheit Gottes versiegelt. In diesem Herzen ruht der Geist Gottes. Dieser macht den Christen auf seine Vergehen *aufmerksam und leitet ihn in die nunmehr aufzusuchende Nähe des Höchsten.* Das Gebet der Buße, welches von diesem Menschen von ganzem Herzen ausgeht, *bereut die begangenen Sünden zutiefst* und bittet den Herrn *um Vergebung; vor allen Dingen um Besserung, sodass diese Vergehen aus dessen Leben in Zukunft vertilgt werden.* Jesus Christus, der für diese Sünden am Holz *für uns* Sein sündenfreies Leben gelassen hat, wird diese Vergehen aufgrund des **ernstgemeinten,** *vom Herzen kommenden* **Gebets** (Jakobus 5, Vers 16 b) *restlos vertilgen.* Die begangenen Sünden sind nunmehr durch die Vergebung Christi *existenzlos.*

Der Christ zeigt Reue und ist stets bemüht, die Sünden anhand seines Glaubens an den Herrn Jesus Christus zu unterlassen, jedoch ist er sich stets darüber bewusst, dass er ohne den Heiland niemals die zu benötigende Stärke der

Willenskraft besitzt, diese in Eigenregie restlos auszulöschen.

Christen können nunmehr folgende Aussage aus ihrem Herzen heraus dankbar preisgeben:

Wir *brauchen den Herrn Jesus Christus jeden erneuten Tag, jede erneute Minute, ja – jeden Moment,* denn *nur Er* verfügt über die die Ihm von Gott gegebene, vollständige Wahrheit, um unser Leben zu erretten.

Unser Herr Jesus bestätigt diese in Ihm permanent wirkende Vollkommenheit mit Seinen eigenen Worten:

Denn ohne mich könnt ihr nichts tun (Johannes 15, Vers 5b / Lutherbibel 1984)

Denn nur wenn dieser inständige Glaube an den Herrn vorhanden ist – erst dann kann unmissverständlich behauptet werden:

Gott ist für Dich!

Mit den Worten des Apostel Paulus möchte ich dieses Kapitel wie folgt beenden:

Ich möchte euch aber, Brüder, nicht in Unwissenheit lassen über die Entschlafenen, damit ihr nicht traurig seid wie die anderen, die keine Hoffnung haben. Denn wenn wir glauben, dass Jesus gestorben und auferstanden ist, so wird Gott auch die Entschlafenen durch Jesus mit ihm führen. Denn das sagen wir euch in einem Wort des Herrn: Wir, die wir leben und bis zur Wiederkunft des Herrn übrig bleiben, werden den Entschlafenen nicht zuvor kommen; denn der Herr selbst wird, wenn der Befehl ergeht und die Stimme des Erzengels und die Posaune Gottes erschallt, vom Himmel herabkommen, und die Toten in Christus werden zuerst auferstehen. Danach werden wir, die wir leben und übrig bleiben, zusammen mit ihnen entrückt werden in Wolken, zur Begegnung mit dem Herrn, in die Luft, und so werden wir bei dem Herrn sein allezeit. So tröstet nun einander mit diesen Worten! (1.Thessalonicher 4, Vers 13 – 18)

Die von dem Heiligen Geist geleiteten Worte, die der Apostel Paulus im vierten Kapitel des ersten Thessalonicherbriefes, in den Versen 13 – 18 niederschrieb, fügen sich perfekt an die soeben beschriebenen Worte des Johannesevangeliums, Kapitel 5, Vers 14 an, die uns der Herr Jesus kundtat. Die Schlachterbibel benennt diesen Kapitelabschnitt des ersten Thessalonicherbriefes: „*Die Auferstehung der Toten und die Wiederkunft des Herrn*".

Ich habe bewusst diesen Bibelabschnitt zur näheren Erklärung ausgewählt, weil dieser vorbildlich und daher exakt definiert, dass diejenigen Menschen, die den Glauben an den Herrn Jesus Christus in ihrem Herzen *verankert haben*, im Hier und Jetzt, sowohl auch vor dem irdischen Tod *keinerlei Sorge oder Angst* befürchten müssen, denn *Jesus Christus ist ein Teil von ihnen*. Diese wunderbar besänftigenden und zum Heil leitenden Worte will uns der Apostel Paulus anhand dieser Bibelzitate wie folgt näher erklären:

Paulus beginnt diesen Kapitelabschnitt mit beruhigenden Worten, welche die vollkommene Wahrheit Gottes beinhalten.

Der Apostel nennt die angesprochene Gemeinde in Thessalonich **Brüder**, gleich wie auch Jakobus in seinem Brief (Jakobus 1, Vers 2) seine Glaubensgeschwister anspricht. Nun folgen die besänftigenden Worte des Paulus, indem er seinen Geschwistern im Glauben die einst noch vorhandene Angst vor dem Tod entnimmt und sie aufklärend unterrichtet.

Er **will** diese Gemeinde **nicht in Unwissenheit lassen**, dies sagt wiederum aus, dass das Entschlafen eines gläubigen Menschen *nicht dessen letzten Lebensabschnitt bedeutet*. Der Zeitabschnitt handelt sich etwa um 50 nach Christus (Quelle: Schlachterbibel), in welchem Paulus zu dieser Gemeinde schreibt. Zu diesem Zeitpunkt hatten die Gläubigen ausschließlich die Worte des ihnen bereits bekannten *Alten Testaments* gehört und *von diesen* wurde ihr Glaube genährt. Jedoch hält Gott mit dem Erretter der Welt, mit Seinem Sohn Jesus Christus eine *neue, immerwährende Hoffnung für alle Menschen bereit, die von ganzem Herzen an den Messias glauben.*

Paulus will der Gemeinde in Thessalonich zu verstehen geben, *dass durch die Erscheinung unseres Retters Jesus Christus, die jetzt aber offenbar geworden ist, der dem Tod die Macht genommen hat und Leben und Unvergänglichkeit ans Licht gebracht hat durch das Evangelium, für die ich* (Paulus) *als Verkündiger und Apostel und Lehrer der Heiden eingesetzt worden bin* (2. Timotheus 1, Vers 10 + 11)

Diese von äußerster Wichtigkeit umhüllte Nachricht ist es letztlich, die der Apostel der thessalonischen Gemeinde, als auch uns, den Bibellesern anhand seines tiefgründigen Glaubens an den Herrn Jesus Christus mitteilen will.

Der Tod ist *seit der Kreuzigung und der Auferstehung des Heilands* nur noch eine „*Durchfahrtsstraße*", die zwar das leibliche, körperliche Sterben bewirkt, jedoch führt diese Straße die Seele der Christen *direkt* zu Jesus Christus. Das uns von

Gott zu Gute kommende Heil Seines Sohnes (die Vergebung unserer Sünden) bewirkt im Herzen eines *jeden Christen,* dass nunmehr der Glaube an Jesus Christus *ewiges Leben garantiert!*

Die gläubige Gemeinde in Thessalonich (*als auch jeder gläubige Leser der Heiligen Schrift*) braucht / brauchen nicht länger über den Tod der Entschlafenen zu *trauern.* Diese Aussage des Paulus **damit ihr nicht traurig seid wie die anderen, die keine Hoffnung haben,** bezeugt mehr als deutlich, dass *der Glaubende* an den Herrn Jesus Christus sich der nun folgenden Zusage des Gottessohnes: **Wer an mich glaubt wird leben auch wenn er stirbt; und jeder, der lebt und an mich glaubt, wird in Ewigkeit nicht sterben** (Johannes 11, Vers 25b + 26) *unmissverständlich anvertrauen kann.* Das an Christus glaubende Leben eines *jeden Menschen wird unter Garantie anhand der von Wahrheit ummantelnden Zusage des Heilands erfüllt werden.*

Auch die Worte des Apostel Paulus unterstreichen *die von unserem Herrn Jesus Christus persönlich in Auftrag gegebene* Tätigkeit **des Verkündigers und Apostel und Lehrer der Heiden** (siehe Apostelgeschichte, Kapitel 9 – Die Bekehrung des Saulus / Paulus!), weil es der Wille Gottes war, dass Paulus als Sein von Ihm *persönlich zu dieser Aufgabe bestimmter Gesandter* (Apostel) wurde, um das Evangelium Jesu Christi als Heidenapostel zu verbreiten, damit viele Menschen in den Genuss der Frohen Botschaft gelangen würden. Heute profitieren Millionen von Menschen von diesen gnadenreichen Worten des wohl größten Missionars aller Zeiten!

Halleluja, welch eine große Freude richtet diese Nachricht in unseren Herzen aus!

Der Apostel betont einmal mehr, dass gläubige Personen über den Verlust der ihnen nahestehenden, verstorbenen *einst gläubig gewesenen Menschen nicht traurig* sein müssen. Die Hoffnung, die im Herzen eines jeden Christen die zu benötigende Erkenntnis des Glaubens wachruft, erteilt diesen Gläubigen die *konstant zur Verfügung stehende Hilfe des Höchsten anhand des Trösters – des Heiligen Geistes*, der *permanent* im Herzen eines Christen *lebt*.

Jedoch *fehlt* bei denjenigen Personen, die diese gewichtige Hoffnung aufgrund ihres Unglaubens *nicht ihr eigen nennen können,* dieser alles in allem stets tröstende Begleiter *völlig.* Sie haben **keine Hoffnung**. Ihr Leben *verrostet aufgrund der Glaubensverweigerung an den Herrn Jesus Christus. Sie verweigern mit störrischer Selbstüberschätzung das gnadenbringende Heil des Christus und verfallen mit dieser Fehlentscheidung in niederreißende, selbstverschuldete Dekadenz.*

Christen aber besitzen in der **Bedrängnis** das **Ausharren**, welches ihnen erneute **Hoffnung** in Form der Liebe Gottes zukommen lässt (Römer 5, Vers 3 – 5 / siehe Seite 78 – 80!). *Das Ausharren in der Bedrängnis und die Hoffnung sind im christlichen Glauben drei ausschlaggebende Anhaltspunkte,* die *das wahre Leben* eines Gläubigen prägen. Mit diesen Kriterien sind wir *imstande,* die von Gott gewollten Prüfungen anhand unseres Glaubens an Ihn *mit Geduld zu bestehen.* Es handelt sich hiermit *keinesfalls um ein trostloses Verbleiben ohne Besserung* – *sondern* die Liebe Gottes lässt den Menschen *nicht mehr zukommen, als dass diese selbst zu tragen im Stande sind.* Christ zu sein ist nicht gleichbedeutend mit ständigem Wohlergehen, ganz im Gegenteil:
Leiden – gleich, wie auch Gott Seinen Sohn hat leiden lassen für unser Wohl, wird auch in unserem Dasein das Leiden

eine beachtenswerte Rolle einnehmen. Beachtenswert deshalb, weil wir als Christen imstande sein müssen, diese Prüfungen Gottes als gutgemeinte, *uns noch näher und tiefgründiger an die Wahrheit leitenden Maßnahmen des Höchsten zu betrachten.* Auch Christen sind und bleiben fehlerhafte, von Sünden umgebene Menschen. Um uns jedoch aus unseren Fehlern und getätigten Sünden wohlwollend zu verhelfen, setzt Gott ganz nach Seiner Allwissenheit *diese von Ihm gewollten Prüfungen ein*, um uns erneut darauf aufmerksam zu machen, dass wir uns auf einem *Irrweg* befinden. Aus dieser Abweichung will Gott uns wohlgesinnt herausgeleiten.

Gott prüft uns, weil Er uns bedingungslos liebt. Er will uns mit Hilfe dieser im Grunde genommenen, von Ihm ausgehenden *Heilsbotschaft* wieder zurück auf den Weg der Wahrheit leiten, den Er für uns anhand Seiner barmherzigen Allmacht *aus reiner Liebe zu uns* vorgesehen hat.

Somit sind die Prüfungen Gottes stets als gutgemeinte, uns zum Wohl dienende Gnadenerweise des Höchsten zu betrachten. Es handelt sich zwar um Zurechtweisungen, die aber nur die Zuneigungen Gottes an den Gläubigen anhand der Liebe des Allmächtigen wohlwollend preisgeben!

Ein weiteres Beispiel: Wenn wir die Worte des 23. Psalms betrachten, wird uns diese *gnadenreiche Vorgehensweise Gottes* mehr als nur deutlich bewusst werden, denn dort steht geschrieben:

Und wenn ich auch wanderte durchs Tal der Todesschatten, so fürchte ich kein Unglück, denn du bist bei mir; dein Stecken und dein Stab, die trösten mich (Psalm 23, Vers 4)

Die Worte des Psalmisten David lassen uns aufhorchen:

Der Tod ist *kein* Angstgegner mehr. Selbst im *Tal der Todesschatten* brauchen wir uns *nicht zu ängstigen*, denn der Herr steht uns *auch dort stets beiseite*. Es ist jene bereits mehrmals angesprochene, tiefgehende Liebe, die vom Herrn ausgeht, welche uns *niemals mehr verlässt*. *Der Tod ist nur noch ein unbedeutender Begleiter des irdischen Abschieds, welcher aufgrund der immerwährenden Hilfe Gottes an die Gläubigen seine Beängstigung restlos verliert.*

Der **Stecken** und der **Stab** erweisen sich als die bestärkenden Beistände Gottes, mit denen Er uns *mit Mut machenden Tröstungen an das Ziel unseres Weges, ja – an das für uns von Ihm vorgesehene Ziel, welches unsere zukünftige Bleibe, die die Nähe Seiner Herrlichkeit aufweist, leitet: Die Ankunft im Reich der Himmel, der bleibenden neuen Heimat eines Gläubigen.*

Welch eine grandiose Zukunftsaussicht! Wir können niemals sicherer fallen, als in die barmherzigen Hände des allmächtigen Gottes!

Gehen wir erneut über zur weiteren Betrachtung des Thessalonicherbriefes. Paulus weist uns abermals darauf hin, dass *allein der Glaube an den Herrn Jesus Christus den alles in allem auschlaggebenden Inhalt dieser Gewissheit markiert.*

Der Glaube an Christi Tod und Auferstehung wird von der stets in uns sprudelnden, reichhaltigen Quelle der Wahrheit Gottes mit nahrhaften Wirkstoffen Seiner Liebe *getränkt*. Diese *perfekt ausgelegte Ernährungsquelle* ist es letztlich, die unseren Glauben Tag für Tag *bestmöglich verköstigt*. Denn nun können wir getrost die Worte des Propheten Micha aussprechen, die da lauten: ***Ich aber will nach dem Herrn ausschau-***

en, will harren auf den Gott meines Heils; mein Gott wird mich erhören (Micha 7, Vers 7)

Diese bündige, von Gott zusammengefügte Gewissheit lässt unseren Glauben als *gewinnträchtig* und daher von *starker, unnachgiebiger Resonanz erscheinen.* Die Hoffnung, die unseren Glauben nährt, ist der *feststehende, unerschütterliche Beweis, dass Gott uns niemals im Stich lässt.* Nun werden die von Jesus Christus uns zugesagten Worte sich auch im Tod eines Christen erkenntlich zeigen:

Erinnern wir uns abermals an die vom Heiland gesprochenen Worte im Johannesevangelium Kapitel 14, Vers 3:

Und wenn ich hingehe und euch eine Stätte bereite, so komme ich wieder und werde euch zu mir nehmen, damit auch ihr seid, wo ich bin.

Wir werden auf Ewigkeit in der Nähe unseres Heilands verbleiben! Denn: **Wenn der Christus, unser Leben, offenbar werden wird, dann werdet auch ihr mit ihm offenbar werden in Herrlichkeit,** schreibt der Apostel Paulus im Brief an die Kolosser im 3. Kapitel, Vers 4.

Denn das sagen wir euch in einem Wort des Herrn, mit diesen Worten führt Paulus den Thessalonicherbrief fort. Einerseits erwähnt er die beiden anderen Mitgereisten „Brüder im Geist", nämlich Silvanus und Timotheus (1.Thessalonicher 1, Vers 1) – zwar nicht namentlich, sondern Paulus betont sie als „wir". Allerdings lässt diese Aussage jedoch deutlich erkennen, dass *alle drei Personen mit der ausgehenden Kraft des Heiligen Geistes beseelt waren,* jedoch ist der Briefschreiber Paulus.

Weiterhin schreibt der Apostel, dass die noch Lebenden bei der Ankunft des Messias keinen Vortritt vor den bereits Gestorbenen vom Herrn erhalten werden.

Nun geht der Apostel Paulus über in eine detaillierte Erklärung, die den Ablauf der Wiederkunft des Herrn wie folgt beschreibt:

Wenn der Jüngste Tag angebrochen ist, so wird unser Herr Jesus *vom Himmel herabkommen, und die Toten werden zuerst auferstehen*. Gleichzeitig mit diesem *Befehl wird die Stimme des Erzengels*, als auch der *Schall der Posaune Gottes* hörbar werden. Dann wird der Herr Jesus *die Toten in Christus* zuerst *unverweslich* (1.Korinther 15, Vers 52 b) *auferwecken*.

Dann erst *werden die* noch Lebenden, *übrig Gebliebenen*, *zusammen* mit den nunmehr Auferweckten *entrückt werden in Wolken, in die Luft*. Dort werden wir (die Gläubigen) die *Begegnung mit dem Herrn* Jesus Christus erleben. *So werden wir bei dem Herrn sein allezeit*.

Bei den soeben genannten *Auferweckten*, sowie bei den noch Lebenden, *übrig Gebliebenen* aber *handelt es sich um die an Christus gläubigen Menschen*. Dies können wir in der Offenbarung des Johannes wie folgt in Erfahrung bringen, denn dort steht geschrieben:

Und sie hörten eine laute Stimme aus dem Himmel, die zu ihnen sprach: Steigt hier herauf! Das stiegen sie in die Wolke in den Himmel hinauf, und ihre Feinde sahen sie (Offenbarung 11, Vers 12)

Die Feinde Gottes werden uns neiderfüllt hinterherblicken und ihre Missetaten, die sie einst vollführten, bereuen.

Die Worte Christi lauten: *Und wo ich bin, da soll auch mein Diener sein* (Johannes 12, Vers 26 b)

Wenn wir die soeben genannten Worte des von Paulus verfassten Thessalonicherbriefes, die Worte, welche Jesus Christus in der Offenbarung dem Johannes mitteilte, als auch die Worte unseres Herrn Jesus Christus, welche der Apostel Johannes in seinem Evangelium verfasste, hören, so *leiten diese Ankündigungen die gläubige Gemeinde Gottes in die Ewigkeit bei Christus.* Wir, die wir Gläubige sind, werden *trotz* unserer begangenen Sünden, *die wir jedoch im Gebet zum Herrn mit Buße von Herzen bereuten, aufgenommen werden in das Himmelreich, aus reiner Gnade.*

Anhand dieser Feststellung kann man nur ansatzweise erahnen, welch eine Güte, Liebe, Gnade und Barmherzigkeit von dem allmächtigen Gott ausgeht!

Er, der Seinen geliebten Sohn für uns Sünder hingab, damit wir *nicht* in ewige Finsternis gelangen, sondern das Licht Seiner Herrlichkeit auf Ewigkeit erblicken können. Diese Ewigkeit *kennt weder Krankheit, Kummer, noch Sorge, Leid, Schmerz oder Trostlosigkeit – all diese uns einst sorgenden Worte werden endgültig von Christus vertilgt werden.* Nunmehr sind wir die *Hausgenossen Gottes* (Epheser 2, Vers 19) und leben *allezeit beim Herrn* (1.Thessalonicher 4, Vers 17b) *mit unserem Herrn Jesus in ewiger Verbundenheit* – denn:

Gott ist für Dich!

Schlusswort

Sehr geehrte Leser,

zuerst möchte ich Gott von ganzem Herzen danken, dass ich mit der unentbehrlichen Kraft Seiner Gnade dieses kleine Buch mit meinen eigenen Worten verfassten durfte.

Ich hoffe zutiefst, dass es mir gelungen ist, Ihnen einen kleinen Beitrag anhand der von mir gewählten Bibelstellen gegeben zu haben, die die unwiderrufliche Wichtigkeit des christlichen Glaubens prägend hervorhebt. Den eklatanten Unterschied zwischen Gläubigen und Ungläubigen näher zu definieren, war das von mir anvisierte Ziel dieses kleinen Ratgebers. Wie wir erfahren konnten, ist es sehr wichtig, die Bibel als das Handbuch unseres Lebens zu betrachten. Um die Heilige Schrift auch als solche gewinnbringend in unserem Glauben zu fördern, ist es unerlässlich, dass die Worte Gottes sich in unsere Herzen einprägen, damit wir unser Leben nach dieser Weisheit letztlich auch ausrichten können. Nur in diesem von Wahrheit umgebenen Buch werden auch wir zur endgültigen Wahrheit gelangen, die einzig und allein nur bei Gott zu finden ist.

Menschen, die den Glauben an den Herrn angenommen haben, werden diesen gewichtigen Schritt, der in das von Gott gewollte Heil des Lebens führt, niemals bereuen. Der Zeitpunkt, indem der Heilige Geist als Ernährer, Förderer und bleibender Helfer des Höchsten an diesem Leben teilnahm, bestätigt sich mit der Aufnahme des Glaubens an den Herrn Jesus Christus.

Von nun an hat das Leben erstmals den eigentlichen, von Gott gewollten Sinn wahrgenommen und auch als solchen verstanden. Unser Leben wird nunmehr von Gott in Seinen Zuständigkeitsbereich eingefügt. Er ist unser aller Trost, der uns hilft, wenn wir Ihn darum bitten. Das einst umherirrende Herz hat eine ewige Bleibe gefunden – wir werden geliebt, trotz all unserer Missetaten, die auch wir Christen in unserer irdischen Existenz mehr als genügend, wenn auch unwillkürlich fördern.

Wir sind schuldig – und doch frei. Wir haben nichts anzubieten, als eine von Sünde umgebene, selbstverschuldete Ära – und doch werden wir geliebt und geachtet. Wir können nicht mit Werken oder Taten vor Ihm glänzen – und doch liebt Er uns so, wie wir sind. Wir erhalten von Gott unverdiente Gnade, obwohl wir Ihn täglich mit unseren Handlungen schmähen.

Wer kann uns so bedingungslos lieben, als der allmächtige, allwissende und barmherzige Gott allein?

Die Dankbarkeit, als auch die Hoffnung, welche im Glauben an den Herrn zum Ausdruck kommt, ist der Schlüssel in die Verbundenheit Gottes einzutreten. Wenn man Gott sein Herz im Gebet der Buße gesteht, Ihn um Vergebung der Sünden bittet, so wird Er auch Ihnen – wenn Sie den Herrn noch nicht in Ihrem Leben aufgesucht haben, mit diesem alles entscheidenden Vorhaben in Sein Reich mit Liebe aufnehmen.

Wer zu mir kommt, den werde ich nicht hinausstoßen, spricht unser Herr Jesus im Johannesevangelium 6, Vers 37.

Dieses Angebot gilt auch Ihnen – Gott hält es für Sie bereit!

Gottes Segen Ihnen allen !

Patrick Rompf hat folgende weitere Bücher beim BoD - Verlag veröffentlicht:

Ein Neues Leben –
Depressionen mit himmlischem Vertrauen bewältigen
ISBN: 978 – 3 – 7322 – 3437 – 0

Glaube der zum Leben führt
ISBN: 978 – 3 – 7322 – 4252 – 8

Dein Geschenk heißt Jesus
ISBN: 978 – 3 – 7322 – 8286 – 9

Der Römerbrief
ISBN: 978 – 3 – 7357 – 3973 - 5